国外国防科技年度发展报告（2021）

自主系统与人工智能领域科技发展报告

ZI ZHU XI TONG YU REN GONG ZHI NENG LING YU KE JI FA ZHAN BAO GAO

中国航天科工集团第三研究院三一〇所

国防工业出版社

·北京·

图书在版编目（CIP）数据

自主系统与人工智能领域科技发展报告/中国航天科工集团第三研究院三一〇所编著.—北京：国防工业出版社，2023.7

（国外国防科技年度发展报告.2021）

ISBN 978-7-118-12914-4

Ⅰ.①自… Ⅱ.①中… Ⅲ.①国防科学技术-自动控制系统-研究报告-世界-2021②国防科学技术-人工智能-研究报告-世界-2021 Ⅳ.①E115

中国国家版本馆 CIP 数据核字（2023）第 117820 号

自主系统与人工智能领域科技发展报告

编　　者	中国航天科工集团第三研究院三一〇所
责任编辑	汪淳
出版发行	国防工业出版社
地　　址	北京市海淀区紫竹院南路 23 号　100048
印　　刷	北京龙世杰印刷有限公司
开　　本	710×1000　1/16
印　　张	14¼
字　　数	156 千字
版 印 次	2023 年 7 月第 1 版第 1 次印刷
定　　价	100.00 元

《国外国防科技年度发展报告》
(2021)
编委会

主　　任　耿国桐

委　　员（按姓氏笔画排序）

王三勇　王家胜　艾中良　白晓颖
朱安娜　李杏军　杨春伟　吴　琼
吴　勤　谷满仓　张　珂　张建民
张信学　周　平　殷云浩　高　原
梁栋国

《自主系统与人工智能领域科技发展报告》编辑部

主　　编　谷满仓

副 主 编　叶　蕾　蒋　琪　文苏丽

编　　辑

韩　雨

《自主系统与人工智能领域科技发展报告》

审稿人员（按姓氏笔画排序）

马洪忠　王飞跃　王长青　刘　伟
刘永才　刘成林　许玉明　李向阳
杨宝奎　时兆峰　范茂军　黄瑞松

撰稿人员（按姓氏笔画排序）

于宪钊　王　平　王亚珅　王桂芝
邓　春　刘都群　闫俊平　孙　毅
孙明月　李　磊　李学朋　佘晓琼
宋　乐　张　灿　张大中　张梦平
武坤琳　周智伟　赵　勋　赵　倩
柳正华　耿建福　黄　鑫　崔枭飞
葛悦涛　韩　雨

编写说明

科学技术是军事发展中最活跃、最具革命性的因素，每一次重大科技进步和创新都会引起战争形态和作战方式的深刻变革。当前，以人工智能技术、网络信息技术、生物交叉技术、新材料技术等为代表的高新技术群迅猛发展，波及全球、涉及所有军事领域。智者，思于远虑。以美国为代表的西方军事强国着眼争夺未来战场的战略主动权，积极推进高投入、高风险、高回报的前沿科技创新，大力发展能够大幅提升军事能力优势的颠覆性技术。

为帮助广大读者全面、深入了解国外国防科技发展的最新动向，我们以开放、包容、协作、共享的理念，组织国内科技信息研究机构共同开展世界主要国家国防科技发展跟踪研究，并在此基础上共同编撰了《国外国防科技年度发展报告》（2021）。该系列报告旨在通过跟踪研究世界军事强国国防科技发展态势，理清发展方向和重点，形成一批具有参考使用价值的研究成果，希冀能为实现创新超越提供有力的科技信息支撑。

由于编写时间仓促，且受信息来源、研究经验和编写能力所限，疏漏和不当之处在所难免，敬请广大读者批评指正。

军事科学院军事科学信息研究中心

2022 年 4 月

前　言

2021年自主系统与人工智能领域科技发展势头强劲，相关技术、项目及产品不断涌现，并得到广泛认可。在军事科学院军事科学信息研究中心的支持下，中国航天科工集团第三研究院三一〇所牵头承担了《自主系统与人工智能领域科技发展报告》的编撰工作，将为我国自主系统与人工智能领域科技发展找准方向、选准突破口，为实现国防科技创新超越提供有力的科技信息支撑。

本书是在统一编撰思想指导下，以"小核心、大外围"的组织方式，集中了自主系统与人工智能相关优势单位的专家共同完成的。在本书撰写过程中，得到了中国航天科工集团第三研究院三部、中国航天科工集团第三研究院三〇二所、中国航天科工集团第三研究院八三五九所、中国航天科工集团第二研究院二〇八所、中国船舶集团第七一四研究所、中国船舶工业系统工程研究院、中国船舶工业综合经济技术研究院、中国兵器工业集团第二一〇研究所、中国电子科技集团第五十三研究所、中国航空工业发展研究中心、中国电子科学研究院、中国信息通信研究院、军事科学院、国务院发展研究中心、国防科技大学、北京邮电大学、北京理工大学、清华大学、浙江大学、南京航空航天大学、中国科学院自动化所、陆军指挥学院、中国人民解放军63983部队等单位的大力支持，在此表示感谢。尽管编撰组做了大量工作，但由于时间紧张，水平有限，疏漏和不当之处在所难免，敬请读者批评指正。

编者

2022年5月

目 录

综合动向分析

2021年人工智能领域科技发展综述 ·············· 3
2021年自主系统领域科技发展综述 ·············· 19
2021年海上自主系统发展综述 ·············· 35
2021年空中自主系统发展综述 ·············· 45
2021年地面自主系统发展综述 ·············· 53

重要专题分析

技术动向

2021年仿人智能技术发展动向 ·············· 65
2021年人机混合智能技术发展动向 ·············· 69
2021年脑与认知技术发展动向 ·············· 75
2021年人工智能芯片技术发展动向 ·············· 82
2021年深度学习技术发展动向 ·············· 88
2021年元宇宙发展动向 ·············· 95

项目进展

美军"远射"项目推进有人机–无人机–导弹新型作战方式 ············ 101

马赛克战智能决策技术项目发展分析 ··· 107
DARPA 自主抵消僵尸网络项目发展研究 ································· 113
美军"天空博格人"项目进展分析 ··· 120
英国"人工轮机长"系统发展分析 ··· 125

作战应用

美国陆军人工智能系统在杀伤网构建中发挥作用 ····················· 129
新型 MQ–9B "海上卫士"无人机将助力美国海军实施分布式反潜战 ··· 133
美军推进海上无人综合作战系统发展 ····································· 139

报告解读

美国人工智能国家安全委员会《最终报告》····························· 145
美国智库《具有自主功能的武器系统作战运用原则》报告解读 ······ 153
美国国防部《实践中负责任的人工指南》报告解读 ··················· 160

附录

2021 年自主系统与人工智能领域科技发展十大事件 ··················· 169
2021 年自主系统与人工智能领域科技发展大事记 ······················ 180
2021 年自主系统与人工智能领域重要战略政策汇编 ··················· 200
2021 年自主系统与人工智能领域重大科研项目 ························· 203
2021 年自主系统与人工智能领域重大科研试验 ························· 207
2021 年自主系统与人工智能领域重大演习情况 ························· 210

ZONGHE

DONGXIANGFENXI

综合动向分析

2021 年人工智能领域科技发展综述

2021 年,世界主要国家逐步细化了人工智能技术的发展战略和规划,各项军事智能技术取得突破性进展,人工智能赋能军事应用前景愈发广阔。

一、世界主要国家和地区不断深化人工智能国家战略,引领人工智能技术研发

人工智能作为驱动工业革命、产业革命、军事革命的重要引擎,深刻影响着经济、产业和作战体系的重塑和能力发展,世界主要国家纷纷把人工智能提升至国家战略地位,深化战略研究,强化战略投入,细化技术路线,以推动人工智能技术的快速研发和应用。

(一) 美国从机构设置、战略规划、预算投入三方面促进人工智能能力发展

美国成立多个人工智能相关机构,督导和实施美国国家人工智能战略。2021 年 1 月,美国成立国家人工智能倡议办公室,以确保美国未来几年内

在这一关键领域的领导地位。该办公室负责监督和实施国家人工智能战略，并作为联邦政府在人工智能研究和决策过程中与政府部门、私营部门、学术界和其他利益相关方进行协调和协作的中心枢纽。6月，美国宣布成立国家人工智能研究资源工作组，旨在巩固美国的前沿地位。该工作组属于国家人工智能倡议办公室，由12名学术界、政界和产业界人士组成，将制订计划让人工智能研究人员获得更多政府数据、计算资源和其他工具。根据《2020年国家人工智能倡议法》，该工作组将作为一个联邦咨询委员会，帮助创建和实施国家人工智能研究资源（NAIRR）的蓝图，建设共享的研究基础设施。该小组在2022年5月和11月向国会提交两份报告，阐述其战略。

美国发布多项人工智能战略规划，推动作战能力在信息化技术加持下提质升级。2021年3月，美国人工智能国家安全委员会（NSCAI）发布《最终报告》（图1），这份报告是NSCAI为美国在人工智能时代赢得竞争而提出的战略。主报告分为"在人工智能时代保卫美国"和"赢得科技竞争"两大部分，从美国在人工智能领域面临的威胁和风险，以及如何应对这些问题两个方面进行了论述，提出顶层结论和建议，附录《行动蓝图》则详细描述了美国政府为落实建议应采取的措施。6月，美国国防部启动"人工智能与数据加速"（ADA）计划，旨在快速推进"联合全域指挥控制"概念的实施。国防部将向美军11个联合作战司令部派遣"作战数据小组"和"人工智能专家小组"，通过一系列与"联合全域指挥控制"等概念相关的实验或演习，在不断迭代中持续获得新的人工智能和数据能力。7月，美国海军部发布《智能自主系统科技战略》，聚焦无人系统中集成了自主、人工智能技术，能够适应瞬息万变战场环境的智能自主系统，提出"无缝集成为海上力量的可信组成部分"的发展愿景。8月，美国国土安全部发布《人工智能/机器学习战略计划》，制定三方面目标：推动在国土安全部中运用下一代人工智能和机器学习技术，增加研发投资，并利用这些技术建立起安全的网络基础设施；促进在国土安全部任务部署已成熟的人工智能和机器学习能力；建立、培养一支跨学科的人工智能/机器学习人才队伍。

图 1　美国人工智能国家安全委员会发布《最终报告》

美国 2022 年财年人工智能国防预算持续增加。2022 财年美国国防部预算请求中，研究、发展、试验与鉴定经费高达 1120 亿美元，比 2021 财年的 1066 亿美元预算增长 5.07%，创下历史新高。美国国防部称研发投入的增加和资源的重新分配，将为人工智能、微电子、高超声速导弹、网络空间能力和5G网络等先进技术提供资金。其中，人工智能预算为8.74亿美元，用于推广人工智能在美国国防部的应用，比2021财年增长0.33亿美元，增长率为3.92%。美国国防高级研究计划局（DARPA）一直是人工智能突破性研究与开发的领导者，2022财年DARPA预算申请新增项目23个，集中在人工智能、电子器件、陆海空武器平台、定向能和"马赛克战"等技术方向。其中，人工智能技术方向新增项目4个，总经费580万美元，涉及模型算法、辅助决策、反制人工智能、人工智能可靠性等研究。

（二）欧洲主要国家积极推动人工智能战略布局

规划与监管并重，欧盟稳步推进人工智能一体化发展。2021年10月，北约成员国国防部长就北约首个人工智能战略达成一致，该战略简要介绍了人工智能技术如何以受保护且合乎伦理的方式应用于国防和安全，以符合国际法和北约价值观的负责任方式使用人工智能技术，为北约及其盟国开发和使用人工智能技术奠定基础。4月，欧盟发布全球首部人工智能管制法律《人工智能法》提案，提出了人工智能统一监管规则，旨在从国家法律层面限制人工智能技术发展带来的潜在风险和不良影响，让欧洲成为可信赖的全球人工智能中心。4月，欧盟委员会发布《人工智能协调计划》(2021年修订版)，成为指导各成员国协调行动、共同实现欧盟人工智能发展目标的最新文件。

英国发布国家人工智能战略，描绘未来10年远景规划。2021年9月，英国发布《国家人工智能战略》（图2），旨在促进国家和企业对人工智能技术的应用，吸引国际投资到英国人工智能公司，并培养下一代本土技术人才。该战略提出未来十年的目标是将英国打造成全球性的"人工智能超级大国"。

图 2　英国发布《国家人工智能战略》

二、军事智能技术发展路径明晰，取得重要成果

（一）机器智能基础研究取得突破，开辟多个军事应用方向

DARPA 启动"计算文化理解"项目开发人工智能翻译。2021 年 5 月，为了在谈判、关键互动等民政工作和军事行动中提供帮助，DARPA 提出了"计算文化理解"（CCU）项目，目标是建立跨文化的语言理解服务，以提高国防部作战人员的态势感知能力以及与不同国际受众进行有效互动的能力。该项目寻求开发自然语言处理技术，以识别、适应并建议如何在不同

社会、语言的情感、社会和文化规范内进行作战。项目经理威廉·柯维博士表示,为支持用户参与跨文化对话,人工智能系统不能仅仅是提供语言翻译,还需要利用深刻的社会和文化理解来协助交流。将人工智能从工具转变为合作伙伴,需要机器实时发现和解释社会文化因素、识别情绪、检测交流风格的变化、在即将出现误解时提供对话帮助。

DARPA启动"学习内省控制"项目推动军事系统适应突发状况。2021年8月,DARPA启动"学习内省控制"(LINC)项目(图3),旨在开发基于机器学习的内省技术,使系统在遇到不确定性或意外事件时能够调整其控制规则,并在确保连续运行的同时将这些新情况传达给人类或人工智能操作员。该项目包括3个研究领域:一是攻克当前机器学习模型与技术中阻碍系统自适应的技术难点,开发能够感知环境变化并仅使用自带的传感器和驱动器即可重构控制规则的系统;二是改进系统和操作人员态势感知共享与引导的方式,将第一个研究领域开发的动态模型产生的信息进行有效翻译并传达给操作人员,使其掌握系统最新运行状态以及安全操作的提示;三是将重点进行技术测试与评估。

图3 DARPA启动"学习内省控制"项目

（二）仿人智能研究推动学界不断认知人类，促进高级认知实现

美国发布人类大脑皮层的可浏览3D地图。2021年6月，美国谷歌公司和哈佛大学联合发布H01人脑成像数据集（人类脑组织渲染图），包含1.3亿个突触、数万个神经元（图4），该数据集是迄今为止所有生物中对大脑皮层进行这种程度的成像和重建的最大样本，也是第一个大规模研究人类大脑皮层的"突触连接性"的样本，这种连接性跨越了大脑皮层中所有层面的多种细胞类型。H01样本可以看到初步的人类大脑皮层结构。该研究旨在为研究人类大脑提供一种新的资源，并改进和扩展连接组学的基础技术。

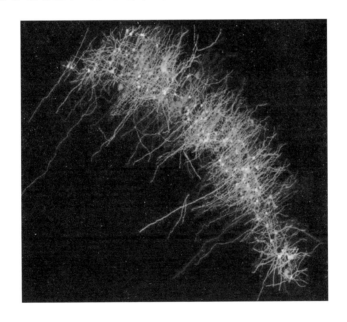

图4　H01数据集中的L2层中间神经元

美韩联合团队推动仿脑神经形态芯片更进一步。2021年9月，韩国三星公司和美国哈佛大学提出一种构建智能芯片的新方法，将大脑神经元的连接图完整地"复制粘贴"到3D神经形态芯片上（图5），使类脑芯片研发更进一步。研究人员希望打造出一种接近大脑的独特计算特征的存储芯

片,能够实现低功耗、轻松学习、适应环境,甚至自主和认知。该成果的技术路线可能以最接近大脑本身神经元的方式实现对神经网络的构建,给类脑芯片和神经网络的构建提供了一条新的思路。

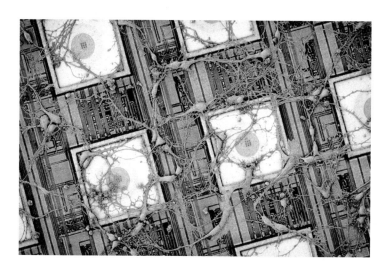

图 5 CMOS 纳米电极阵列上的大鼠神经元图像

智能芯片制造技术持续提升。2021 年 1 月,美国斯坦福大学在 DARPA "电子复兴计划"项目支持下,开发出兼具存储与数据处理功能的"存算一体"深度神经网络推理系统,能够高速、低功耗执行人工智能计算任务,为类脑计算、虚拟现实等前沿技术领域奠定基础,使得高集成度、高性能的芯片技术成为智能化装备的研究重点。2 月,IBM 公司宣布开发出世界上首款采用 7 纳米晶体管技术的四核人工智能加速器芯片,可支持多种人工智能模型,并达到领先的电源效率水平,更快执行复杂的人工智能算法。该芯片是全球首款低精度混合 8 位浮点格式硅芯片,采用 7 纳米极紫外光刻技术制造。智能芯片制造技术持续提升,将有效推动军事装备的信息化、数字化、智能化建设。

(三) 群体智能技术推进无人集群项目快速进展

依托群体智能开展智能化无人机集群作战,可将无人机数量优势转化为非对称作战优势。2021年10月,DARPA的"小精灵"项目成功实现了无人机空中回收。试验验证了三种能力:一是"小精灵"无人机的自主编队飞行能力和安全功能;二是"小精灵"被C-130运输机回收的能力;三是重新装配被回收的无人机,并在24小时内进行二次飞行的能力。安全、有效、可靠的空中回收能够显著扩大无人机在对抗环境中的作战范围和潜在用途,无人机可以配备各种传感器和其他有效载荷,从各类军用飞机上发射,使有人平台转移到安全地带。2021年12月,DARPA进行了"进攻性蜂群使能战术"(OFFSET)项目的第六次,也是最后一次外场试验(图6)。测试平台由商用小型无人系统组成,包括背包大小的探测器以及多旋翼和固定翼飞机,这些系统由蜂群指挥官安排执行蜂群战术任务。试验取得了以下进步:使用两家系统集成商的300多个测试平台开展联合协同作战;同时使用"虚拟"蜂群代理和物理代理协助完成现实任务;利用沉浸式蜂群界面来指挥和控制蜂群。

图6 OFFSET项目开展第六次外场试验

（四）人机混合智能技术探索提升人工智能可信任度，增强人机协同能力

人机混合智能旨在通过人机交互和协同，提升人工智能系统的性能，使人工智能成为人类智能的自然延伸和拓展，通过人机协同更加高效地解决复杂问题。2021 年 3 月，DARPA 对外宣布"空战演进"（ACE）项目第二阶段的部分研究目标已经在第一阶段提前实现，其中人机混合智能技术比重较大，包括完成了人工智能格斗高级虚拟仿真，场景包含视距内和视距外的多机格斗，涉及更新的虚拟武器系统。通过人工智能驾驶战斗机进行载人实飞，评估飞行员的生理反应及其对人工智能驾驶的信心。预计在该项目的最后阶段，飞机将搭载人工智能"驾驶员"进行自主飞行。ACE 项目于 2020 年启动，其主要目标在于开发可信任的、可扩展的、可达到人类水平的、基于人工智能驱动的自主智能体，可通过人机协同来实现空战对抗。然而，对智能体的信任水平在人机协同过程中是动态的，这种信任交互需要进行测量、建模和校准，以实现成功作战的最佳人机混合团队。为此，DARPA 于 2021 年 11 月开展人类对人工智能信任度测试工作，旨在基于飞行员与智能体的交互，结合生理数据对飞行员的信任度进行测量和建模。该项目用于建模和测试飞行员对空中格斗自主性的信任度，并测试了一种新型人机界面与人工智能交互的可信度，目标是建立飞行员对空中格斗自主性的信任，探索如何通过可视或音频的人机接口向人类传达人工智能的状态和意图。

脑机接口技术进入试验阶段。2021 年 7 月，DARPA 参与投资的美国神经血管生物电子医学公司"同步"（Synchron）获得了美国食品药品监督管理局许可，可将脑机接口芯片植入人体进行临床试验，开始对其大脑芯片进行人体临床试验，并计划检查其旗舰产品"支架电极记录阵列"（Stentrode）脑机接口芯片在严重瘫痪患者中的安全性和有效性，该设备允许患者使用大脑数据控制数字设备并实现功能独立性的改善。"同步"公司在人体中植入脑机芯片的方案不需要开颅，而是以微创的方式将网状的"支架电极记录阵列"传感器通过血管输送到大脑（图7）。9月，DARPA和美国国立卫生研究院共同资助的脑机接口技术开发出了首个具备直观运动控制、触觉反馈、运动感觉三种重要功能的机械手臂，受试者使用该机械手臂完成任务的准确度和普通人相当，双向脑机接口让这款机械手臂能够实现大脑信号的发出和机械装置信息的传回，通过大脑的意识就能控制机械手臂的运动。

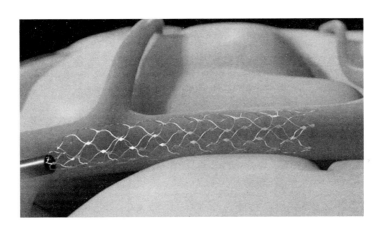

图7 "同步"公司脑机接口芯片示意图

三、人工智能在军事领域应用不断细化

人工智能在军事领域的应用即将越过初级阶段，正在探索更加超前的、颠覆性技术与理念赋能军事作战任务。

（一）空战领域

人工智能技术正在实现网络化、智能化作战方式，变革未来空战规则。2021年4月、6月、10月，美军"天空博格人"（Skyborg）项目研发的自主控制系统配装不同型号无人机完成多次飞行试验（图8）。自主控制系统在试飞中演示了响应导航指令、遵守虚拟作战空间限制、实施协调机动等能力，验证了自主控制系统操控多类型无人机，以及低成本可消耗无人机军事应用的可行性。下一步，"天空博格人"将验证有人机与多架配置自主控制系统无人机之间的直接协同。2021年2月，DARPA分别授予雷声公司和系统与技术研究公司两份"空域快速战术执行全面感知"（ASTARTE）项目第一阶段合同，代表着该项目正式进入研发阶段。该项目的目标是在高度拥挤的未来战场中实现高效的空域作战，并消除友军之间的空域活动冲突；专注于三个技术领域：一是开发用于理解和决策的算法，以预测冲突并提出解决方案；二是开发或利用现有低成本传感器，以实时检测和跟踪有人/无人机、机载武器和其他潜在威胁；三是开发虚拟测试平台，以允许当前指挥控制系统和项目技术集成，并进行建模、模拟和虚拟实验。该项目是"马赛克战"概念的重要支撑项目，通过消除空域冲突提升作战效能，并计划于2024年上半年对人工智能工具用于消除联合火力冲突进行现场测试。

图8　配装"天空博格人"自主控制系统的MQ-20无人机

（二）海战领域

美国与阿联酋联合推出新型智能自主无人水面舰艇。2021年2月，美国L3哈里斯技术公司与阿联酋奥赛尔船舶公司联合展示了一种新型智能无人水面舰艇的海上自主能力（图9）。该无人水面舰艇配备先进的自主控制系统、带有高级智能天线的高容量视距无线电系统，可实现完全自主操作，并融入最新的人工智能技术，适合情报监视侦察、海岸巡逻和拦截等各种海上任务。

图9 L3哈里斯公司与奥赛尔船舶公司联合展出的智能无人水面舰艇

人工智能技术在海上演习中初试身手。2021年5月，英国海军首次在"强大盾牌"海上演习中使用人工智能，英国海军在"海龙"号驱逐舰和"兰开斯特"号护卫舰上进行的防空反导作战试验中（图10），使用可对抗超声速导弹的"惊奇"和Sycoiea人工智能软件。这两种人工智能软件可提高早期发现致命威胁的能力，为指挥官提供快速风险评估，以选择最佳的武器，采取最佳措施摧毁目标。

图 10 "兰开斯特"号(左)和"海龙"号(中)在演习中

(三) 网电领域

美国采用人工智能技术对抗网络威胁。2021 年 11 月，美国国防信息系统局宣布将人工智能技术用于防御性网络行动，正在组建首席数据官办公室，以便对拥有的所有数据资源进行编目和理解，然后应用人工智能和机器学习来防御网络攻击者。在 2021 年 1 月至 9 月期间，美国国防部 1.75 亿互联网 IP 地址（该量级为全部互联网 IP 的 4%）控制权被秘密转移，声称用于网络安全试点计划，综合分析，很可能用于 DARPA "利用自主性对抗网络攻击系统"（HACCS）项目实验，该项目主要利用人工智能、可信计算等技术，开发"自主软件智能体"，用于自主抵消僵尸网络攻击和大规模恶意软件活动。美国正逐步将人工智能工具用于数据处理自动化，应对不断出现的网络威胁。

美国空军启动基于人工智能和机器学习的认知电子战项目。2021 年 9 月，美国空军启动"怪兽项目"，将人工智能和机器学习应用于未来的认知电子战系统，以帮助作战飞机突防具备多频谱传感器的导弹和防空系统。

该项目旨在开发可以迁移到战场系统中的人工智能和机器学习技术,并依托开放系统标准、敏捷软件算法开发和过程验证工具,计划推进9项主要任务,包括认知电子战大数据研究、软件定义无线电研究、多频谱威胁对抗等。"怪兽项目"将利用人工智能技术检测来袭导弹,跟踪敌方导弹制导模式的变化并迅速采取干扰措施摆脱锁定,为加油机等高价值平台开发有效的对抗设备,使得美国空军战斗机航程可以覆盖到西太平洋地区。

(四)情报分析领域

军事情报采集与分析是当前人工智能、自然语言处理应用的一个重要场景。随着美国将军事重心从小型战争、反恐战争转变为大国竞争,美军对整合情报并支持快速决策的可靠技术的需求日益迫切。为此,美国北方司令部与所有主要作战司令部、盟军合作伙伴、政府和行业合作伙伴举行了一系列"全球信息主宰实验"(GIDE),试图预测未来事件(图11),从而实现"信息优势"和"决策优势"。2021年7月,美国北方司令部完成了GIDE的一系列试验,结合了人工智能、云计算和传感器技术,能够收集世界各地的传感器数据,从卫星、雷达、海底传感器和网络等大量信息源中进行分析,在分钟级时间内预判敌人数日后的行动,提前采取应对方案。

图11 美国11个作战司令部的代表参加了"全球信息主宰实验"

以色列在"世界首场人工智能战争"中应用人工智能技术分析情报数据。2021年5月，以色列宣称同哈马斯武装力量的冲突是世界上第一场人工智能战争，以色列国防军利用"福音"系统辅助空军分析数据并制订打击计划，成功对加沙深处的哈马斯目标进行了空袭，击毙至少100名哈马斯高级特工，摧毁多处军事基础设施。人工智能在此次冲突中为提升情报分析能力，快速高效处理战场问题提供了支撑。

四、结束语

随着信息技术的迅猛发展，人工智能的研究迎来了高速发展的黄金期，世界主要国家都把人工智能视为"改变游戏规则"的颠覆性技术，积极争夺在该领域的战略制高点。鉴于人工智能的军用应用可大幅提高战争筹划、指挥链和行动杀伤链、供应链、保障链的速度与精准度，提高作战决策和行动能力，世界各国军队正在加速对人工智能应用的研究与开发。

（中国电子科技集团电子科学研究院　王亚坤）
（中国航天科工集团第三研究院三一〇所　韩雨）

2021年自主系统领域科技发展综述

2021年，世界主要军事强国大力发展空中自主系统，持续研发新技术、新设备，并开展飞行试验演示验证，无人加油机、"忠诚僚机"、空中回收技术取得瞩目成就；海上自主系统整体处于规模化运用的前夕，顶层规划、试验演训、概念论证、组织调整等加速推进；地面自主系统型号及技术继续保持快速发展态势，美国、英国、俄罗斯等国在地面自主系统重点型号、项目、新兴自主技术等领域均取得重大进展。

一、强化战略引领，明确发展有人－无人混合编队

美国是为数不多体系化布局海上无人系统发展的国家之一，2018年，《海军部无人系统目标》文件首次提出"建设有人－无人无缝集成的部队"愿景，2021年，多份顶层战略重申了这一愿景。

2021年3月，美国海军部长、海军作战部长、海军陆战队司令联合签发《无人作战框架》顶层战略文件，提出了无人系统发展面临的挑战：一是程序和组织方面的障碍减缓了领域创新；二是"以平台为中心"的发展

思路很大程度上制约了无人系统作战效能;三是经费投入受限;四是对失败零容忍的发展环境。针对性调整了无人系统的总体策略,从"单靠搭建平台"转向"提供整体性解决方案",并首次提出"以能力为中心"的发展思路,支撑体系作战,避免重复采办。重申使无人系统成为海上兵力结构中可靠、可持续的力量,通过与有人系统快速整合,达到致命性高、生存性好、扩展性强的效果,支持未来海上任务。

2021年7月,美国海军发布《智能自主系统科技战略》(图1),聚焦无人系统中集成了自主、人工智能技术,能够适应瞬息万变战场环境的智能自主系统,提出"无缝集成为海上力量的可信组成部分"的发展愿景,从能力、人员与流程、合作伙伴关系三个方面设定了九大战略目标,并建议实施战略投资管理流程、采用渐进式和颠覆性能力采办方法、解决海上独特需求、落实技术开发架构和遵守伦理道德与加强信任,以颠覆性速度引入自主无人系统和加速智能海战场建设。

图1 美国海军发布《智能自主系统科技战略》

二、布局重点项目，有序推进自主系统演示验证

（一）空中自主系统重点项目不断推进

1. 美国多个无人机项目进行演示验证

XQ-58A"女武神"无人机完成首次载荷释放试验。2021年3月，美国空军研究实验室成功完成了XQ-58A"女武神"无人机的第六次飞行试验，首次释放有效载荷。XQ-58A无人机在飞行中打开舱门，从武器舱释放了一架ALTIUS-600小型无人机（图2）。ALTIUS系列无人机的研发目标是通过有人平台发射小型无人机，执行探测识别定位、信号欺骗、干扰和摧毁敌方目标等任务，以提高航空兵的生存能力和突防能力。随着小型无人机载机的试验平台范围扩大，美军多部门均对ALTIUS无人机产生了需求，其用途已不仅限于掩护突防。此次试验标志着XQ-58A无人机能够使用小型无人机实现集束弹药的效果。

图2 XQ-58A无人机在试验中投放ALTIUS-600无人机

"天空博格人"项目完成多次试飞。2021年,美国空军"天空博格人"(Skyborg)项目研发的自主控制系统配装不同型号无人机完成多次飞行试验。4月,自主控制系统使用UTAP-22"灰鲭鲨"无人机完成首飞,在试飞中演示了导航指挥响应、地理栅栏反应、遵循飞行包线、实施协调机动等能力;6月,自主控制系统使用MQ-20"复仇者"无人机成功完成飞行试验,证明其可与不同的无人机进行集成;10月,美国空军使用两架MQ-20无人机对自主控制系统进行飞行试验(图3),在演示编队架构的同时验证了相互通信能力,进一步提升了技术成熟度。上述试飞验证了自主控制系统操控多类型无人机,以及低成本可消耗无人机军事应用的可行性。下一步,"天空博格人"项目将验证有人机与多架配置自主控制系统无人机之间的直接协同。

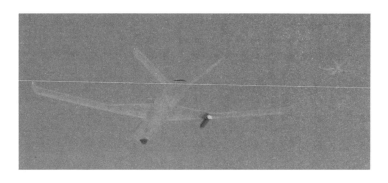

图3 两架配装自主控制系统的MQ-20无人机编队飞行

MQ-25A无人机完成多种飞机空中加油任务。2021年6月至10月,波音公司MQ-25A"黄貂鱼"无人加油机先后完成为F/A-18战斗机、E-2D"鹰眼"指挥和控制飞机、F-35C"闪电"Ⅱ战斗机进行空中加油的任务(图4)。三次加油试验中,MQ-25试验机伸出"软管-锥套"式加油装置,随后空中试验与评估的飞行员在MQ-25的后面进行尾流测量,以确保飞机在与 MQ-25 的空中加油锥管实际接触之前，性能可靠稳定，继而受油机从 MQ-25 的空中加油库接收燃料。试验证明，MQ-25 无人机可遂行空中加油以及情报、监视与侦察任务，大幅提升航空母舰舰载机联队的作战半径和杀伤力。

图 4　MQ-25A 无人机为 F-35 战斗机进行空中加油

"小精灵"无人机项目实现空中回收。2021 年 10 月，DARPA 的"小精灵"（Gremlins）项目成功实现了无人机空中回收（图 5）。试验验证了 3 种能力：一是"小精灵"无人机的自主编队飞行和安全功能；二是"小精灵"被 C-130 运输机回收的能力；三是重新装配被回收的无人机，并在 24 小时内进行二次飞行的能力。此次试验收集了多个小时的数据，包括无人机性能、无人机之间的空气动力学相互作用以及空中回收的接触动力学数据等。安全、有效、可靠的空中回收能够显著扩大无人机在对抗环境中的作战范围和潜在用途，无人机可以配备各种传感器和其他有效载荷，从各类军用飞机上发射，使有人平台转移到安全地带。

图 5 "小精灵"项目实现空中回收

2. 俄罗斯 S–70"猎人"无人机进行投弹轰炸测试

2021 年 1 月，俄罗斯 S–70"猎人"隐身攻击无人机完成投弹轰炸测试（图 6），从机身内部投放了 500 千克的非制导炸弹，下一轮测试将涉及空空导弹的发射。S–70 可与苏–57 隐身战斗机配合使用，并在苏–57 载人机不受威胁的情况下穿透高度受保护的防空系统。

图 6 S–70 无人机在试验中投放炸弹

3. 英国"忠诚僚机"进入第二阶段

2021年1月,英国国防部宣布拨款3000万英镑(4100万美元)用于"蚊子计划"的第二阶段,该计划将为英国空军开展"忠诚僚机"原型机的设计和制造,属于"轻便经济型新型战斗机"计划的一部分。"蚊子"项目分为两个阶段,第一阶段为无人飞行器进行了初步的系统设计。

4. 澳大利亚"忠诚僚机"再获投资

2021年3月,澳大利亚波音公司和澳大利亚空军成功完成了"忠诚僚机"无人机的首次试飞(图7)。澳大利亚政府随后宣布再投资1.15亿美元用于波音"忠诚僚机"计划,进一步支持飞机设计,支持当前和未来有效载荷的发展,并为飞机的运营搭建支撑系统。该计划还打算通过数字试验和演示来推进"空中力量编队系统"的先进概念,除了改进设计和支持系统外,合同还包含进一步开发飞机的任务系统,包括先进的人工智能决策能力和协同作战能力。

图7 澳大利亚"忠诚僚机"完成首飞

（二）海上自主系统成体系化发展

以支持分布式海上作战为目标，加快大中型无人舰艇研制。2021年4月，"海鹰"号中型无人水面艇移交美国海军第一水面发展中队，该艇满载排水量145吨，主要作为试验艇，连同姊妹舰"海上猎手"号共同开展作战概念开发工作；5月，"游牧民"号大型无人舰自主航行至加利福尼亚州，全程4421海里，98%的航程处于自主航行模式，预计2022年初移交美国海军；6月，美国海军授予奥斯塔公司4400万美元合同，将"阿巴拉契科拉"号（EPF 13）远征快速运输舰改装为大型无人舰，该舰长103米，甲板面积1800米^2，未来，可能加装垂发单元，作为海上编队的弹舱；9月，美国防部战略能力办公室"游骑兵"（Ranger）大型无人舰采用集装箱式发射装置，成功试射"标准"-6远程防空导弹（图8），标志着快速支援舰改装无人舰的设计目标已基本实现，改装的无人舰初具防空能力。此外，中小型无人水面艇在反水雷领域得以广泛应用。2021年3月，比利时和荷兰海军选定"监视者"125型无人水面艇作为下一代反水雷装备，2023年起部署运用；4月，美国海军采购第4艘无人感应扫雷系统（UISS），作为近海

图8 美军"游骑兵"无人舰试射"标准"-6防空导弹

战斗舰的反水雷任务包,对抗声磁水雷;5月,土耳其海军完成ULAQ武装无人水面艇实弹试射试验,激光制导导弹成功命中4千米外的目标,后续可搭载反水雷载荷;7月,新加坡海军完成反水雷无人水面艇作战试验,利用搭载的法国ECA公司K-STER C轻型一次性灭雷具对抗锚雷、沉底雷和智能水雷。

以打造新型水下战装备体系为目标,发展大中型无人潜航器。各国海军持续开展超大型、大排量多任务无人潜航器研制工作,目标替代核潜艇前出执行危险任务。英国方面,2月,开始为"魔鬼鱼"超大型无人潜航器原型艇征集新型传感器和有效载荷(图9);俄罗斯方面,4月,"波塞冬"大型核动力无人潜航器在北极地区开展测试,计划2022年夏季最先部署到该地区。9月,俄罗斯国防部批准了Klavesin-2R-PM无人潜航器在远东测试的计划;美国海军方面,首型大排量无人潜航器"蛇头"正加速原型艇研发工作,8月,通用原子公司获得相关电力和动力系统合同;首批5艘超大型无人潜航器"虎鲸"加速制造,预计2022年交付。法国方面,10月,海军集团首次对外展示超大型无人潜航器,艇长10米(加装模块化载荷舱可达25米),排水量10吨,目前正在开展测试,未来有望用于反水雷和反潜任务。

图9 英国超大型无人潜航器"魔鬼鱼"

（三）地面自主系统发展掀起热潮

美国陆军继续推进"机器人开发"计划，积极开展机器人战车试验。2021 年 4 月至 9 月，轻型无人战车和中型无人战车在密歇根州格雷林营地接受减震测试（图 10）。减震测试成功后，美国陆军将结合任务授权技术车和有人－无人组合网络，重点是对 4 辆轻型无人战车、4 辆中型无人战车、4 辆重型无人战车（由 M113 装甲人员输送车替代）、6 辆任务授权技术控制车（由"布雷德利"战车改装而成）在内的 18 辆无人战车车组的能力进行测试。下一步测试将由美国陆军测试和评估司令部于 2021 年 11 月至 2022 年 5 月进行，内容为无人战车单独使用时的安全测试及与任务授权技术车搭配使用时的安全测试，包括士兵车辆训练、情景训练及实弹训练。

图 10　美国陆军无人战车原型

英国加紧部署地面自主系统。英国在排级机器人战车计划的第二阶段再次订购了 4 辆莱茵金属公司的"任务大师"无人车（图 11）。该计划旨在测试排级无人车如何提高作战部队的火力和作战能力，4 辆"任务大师"

火力支援车于 2021 年 5 月至 8 月交付，配备有 7.62 毫米"游骑兵"多功能遥控武器站，即使远程射击也可确保高精度和高杀伤。"任务大师"是一种模块化自主无人车，可用于执行监视、警戒、伤员后送、化生放核检测和移动无线电中继站等多种不同作战任务，旨在提高作战灵活性和作战效率。

图 11　配备"游骑兵"多功能遥控武器站的"任务大师"无人车

俄罗斯武装型地面自主系统保持快速发展。2021 年 2 月，俄罗斯国家技术集团披露最新型"尤达"无人战车已经具备战场自主机动，以及与轻型机器人和无人机之间交互的能力。"尤达"无人车操作原型由信号科学研究所开发，旨在将人工智能与机器人集成在一起，使其具备分析战斗环境并在自主模式下工作的能力。此外，"尤达"无人车已与作为侦察、炸毁目标、运输货物和疏散伤员的轻型机器人进行了互操作性测试，还与无人机进行了交互，测试了与无人机的互操作性，包括使用平台自身供电的系留式无人机。该无人车还能够收集情报数据，并以自主模式运输各种货物。开发人员正计划为该无人车配备电子战系统，以干扰对手的硬件和仪器零件。5月，俄罗斯物资技术保障军事科学院的研究人员提出了一种独特的弹药运输－装载机器人方案，该方案计划在陆军 MT－LB 型重型牵引车基础上改装。机器人货仓拟配装供弹机械系统，由操作员在 5 千米半径内远程操控，用于为前线作战的坦克、步兵战车、自行火炮及其他装备紧急补给弹药，可使炮弹装载时间缩短 3~4 倍，减少装甲车乘员的体力负担。

三、开展试验演训，提升自主系统作战效能

（一）反小型无人机系统迅猛发展

DARPA 试验反无人机系统多层防御架构。6 月，在埃格林空军基地进行的一系列试验中，DARPA 展示了机动部队保护项目的反无人机系统多层防御架构，用于防御非法入侵军事设施或作战的无人机。技术验证机使用新开发的 X 波段雷达，自动感应和识别无人机威胁，进而成功化解敌对无人机威胁。通过连接指挥和控制系统的自动决策引擎，雷达将目标无人机和特定的拦截器配对，随后，在移动过程中，系统将发射和制导带有两种无人机反制措施的旋转翼和固定翼拦截器，整个过程无须操作员人为干预。

"郊狼" Block 3NK 演示击败无人机集群。7 月，雷声导弹与防御公司展示了"郊狼" Block 3 可重复使用非动能无人机击败无人机集群的能力（图 12）。在亚利桑那州尤马试验场与美国陆军综合火力/快速能力办公室（IF/RCO）联合进行的演示中，"郊狼" Block 3 非动能无人机与 10 架尺寸、复杂性、机动性各不相同的无人机交战，并成功将它们击败。

综合动向分析

图 12 "郊狼"无人机发射

俄罗斯反无人机部队击退假想敌攻击无人机中队的袭击。9 月,俄罗斯西部军区反无人机部队在列宁格勒州卢日斯基训练场击退了假想敌攻击无人机中队的袭击。演习过程中,出动了无人机编队和"铠甲"－S 弹炮合一防空系统。最终,宪兵部队和配属防空小队击退了假想敌侦察破坏小组和无人机对全军和下属联队总部野战移动指挥部的袭击。

(二)演习演训促进海上自主系统技术成熟

2021 年 4 月 19 日至 26 日,美国海军作战部队(太平洋舰队主导,第三舰队执行)举办了首次聚焦无人系统的舰队演习——"无人系统综合作战问题 21",旨在演练无人系统指控,凝练战术、技术和程序,使操作员获得作战环境下的海上自主系统使用经验,20 余型有人、无人系统参与试验,其中 2 项值得关注:一是超视距目标指示,MQ－9B 无人机投放声纳浮标(A 型浮标 40 个,或 G 型浮标 80 个),利用自动识别系统与 P－8A、MH－60R 建立连接,通过无人机海上全球指控系统(GCCS－M)完成 link 16 数据交换,从而完成目标识别,之后,将超视距目标位置信息发送至导弹巡洋舰；二是超视距火力打击，靶船配备了小型雷达反射器和中继器，可发出电磁信号，无人机、无人水面艇和有人舰艇利用传感器探测到相关信息，转发至"约翰·芬恩"号导弹驱逐舰（图13），随后，该舰利用融合数据发射了增程型"标准"-6导弹，成功击中200英里（321.87千米）外（超出本舰雷达探测范围）靶船。

图13　"约翰·芬恩"号驱逐舰发射增导弹打击视距外目标

2021年4月，美国海军信息战中心举行年度"先进海上技术演习"（ANTX），对指控、通信、作战域机动、火力及效能、舰队支持、信息环境下作战六大能力领域的65项新兴技术进行了现场演示、讨论和评估。通过演习探索新兴技术，服务高效开发和部署原型，促进技术的跨军种应用。截至2021年，已累计评估技术370项。

2021年10月，由欧盟资助、欧洲防务局执行、15个欧洲国家、43个机构参与的"海洋2020"演示验证项目结束，项目执行期间（2018—2021年），分别在地中海和波罗的海进行了大规模试验，验证了协同使用无人机、无人水面艇、无人潜航器可提高海上态势感知能力，加速OODA环闭合。演习期间，一是验证无人系统能否探测和收集目标信息，创建通用海上图像，然后与对手交战；二是多型无人平台和系统协同作战，应对水雷和潜艇（萨博 AUV62-AT 无人潜航器模拟）威胁，萨博公司多型系统参与其中，CB 90 巡逻艇和"皮拉亚"号监视艇展示了自主操作和协作能力；"深视"（Deep Vision）侧扫声纳用于定位水下威胁；9LV 战斗管理系统提供综合态势；安全服务架构在所有系统之间建立连接和分发信息。

（三）美国陆军推进引导跟随技术作战场景演示

2021 年 6 月，美国陆军未来司令部对外发布"快速机动自主多域打击"视频。据视频介绍，接到任务后，美国陆军火力旅派遣数名士兵操控 1 门"海玛斯"火箭炮和 1 辆自主多域导弹发射车，搭乘 C-130 运输机快速机动至前沿岛屿。之后，"海玛斯"火箭炮引导自主多域导弹发射车离开 C-130 运输机，并抵达指定发射阵地。收到目标位置和打击指令后，士兵操控自主多域导弹发射车发射"精确打击导弹"远距离打击地面（对手中程防空导弹发射车）和海上（舰船）目标，任务完成后"海玛斯"火箭炮再次引导自主多域导弹发射车离开发射阵地返回 C-130 运输机，并迅速搭乘运输机撤离，避免遭到对手反击。

2021 年 10 月 12 日到 11 月 10 日，美国陆军"会聚工程 21"外场综合试验在尤马试验场举行（图 14），重点聚焦"联合"作战，对包括引导跟随技术在内的 107 项技术进行测试，以验证联合部队挫败对手"反介入/区域拒止"的能力需求以及联合作战所需的关键技术。此次试验旨在通过融合人工智能、机器学习、自主系统、机器人以及通用数据标准和体系架构等先进技术与方法，增强遂行跨域作战的陆军前线指挥官决策能力。试验设计了 7 个演习场景。前 3 个场景由联合部队联合演练，其余 4 个场景由陆军独自进行演练。场景四为半自主补给能力演示，重点验证引导跟随技术，即一个有人平台引导多个无人平台执行补给任务。此次演习，各军种统一制定了综合性的联合数据收集和评估方案，目的是为未来的联合作战概念开发和作战场景设计提供关键信息。

图 14　美国陆军在"会聚工程 21"演习中试验无人车引导跟随技术

四、结束语

未来战争将降低对高度集成武器装备的依赖，而发展异构化、低成本的自主系统，配合使用决策辅助工具、先进网络等，可提供更大的作战适应性。在军事需求日益加大和新技术快速发展的推动下，自主系统及技术在 2021 年继续保持高速发展态势，在侦察监视、火力支援、作战保障等任务领域继续发挥重要作用。以美国、英国、俄罗斯为代表的自主系统发展强国，从系统布局、重点型号突破、老旧装备改进升级等方面入手，全面快速推动自主系统的列装部署进程，以适应未来战场环境和作战样式的不断变化。

（中国航天科工集团第三研究院三一〇所　韩雨）

2021年海上自主系统发展综述

美军在分布式作战概念牵引下，谋求在未来战争中降低对高度集成武器装备的依赖，大力发展异构化、低成本的无人装备，在决策辅助工具、先进网络等支持下，获得更大的战场适应性。2021年，海上无人系统整体处于规模化运用的前夕，无人系统将在海战场空间广阔、体系结构多元、要素易变、保障困难等战场环境中，弥补现役有人装备短板，带来全新作战优势。

一、强化战略引领，明确发展有人－无人混合舰队

美国是世界上为数不多、体系化布局海上无人系统发展的国家之一。

2021年3月，美国海军部长、海军作战部长、海军陆战队司令继2018年《海军部无人系统目标》"建设有人－无人无缝集成的部队"愿景，联合签发《无人作战框架》顶层战略文件。第一，重申使无人系统成为海上兵力结构中可靠、可持续力量的发展战略，通过与有人系统快速整合，达到致命、生存性好和可扩展的效果，支持未来海上任务；第二，全面识别了无人系统发展面临的挑战，①程序和组织机构障碍使领域创新放缓，

②"以平台为中心"惯性思维很大程度上制约了无人系统作战效能,③经费投入限制,④对失败零容忍的发展环境;第三,调整了无人系统发展的总体策略,从"单靠搭建平台"转向"提供整体性解决方案",并首次提出"以能力为中心"的发展思路,支撑体系作战,避免重复采办。

2021年7月,美国海军部发布《智能自主系统科技战略》,聚焦无人系统,集成自主、人工智能技术,以适应瞬息万变战场环境的智能自主系统,提出"无缝集成为海上力量可信的组成部分"发展愿景,从能力、人员与流程、合作伙伴关系三个方面设定了九大战略目标,并建议实施战略投资管理流程、采用渐进式和颠覆性能力采办方法、解决海上特殊需求、落实技术开发架构与遵守伦理道德,加速运用自主无人系统,以及进行智能海战场建设。

二、发展关键型号,有序推进试验性部署

近期提升支援保障能力,基本建成陆基与舰载结合的无人系统谱系。2021年5月至10月,美国海军首批2架MQ-4C陆基高空长航时无人侦察机前沿部署到日本三泽空军基地,强化对西太地区广域海上监视侦察;5月,美国海军载荷能力更强的MQ-8C无人直升机完成两栖作战任务测试,逐步替换MQ-8B无人直升机,执行情监侦、反水雷、通信中继、目标指示等任务;6月至9月,美国海军MQ-25A航空母舰舰载固定翼无人加油原型机先后完成向F/A-18E/F战斗攻击机、E-2D预警机、F-35C战斗机的加油测试,预计年内上舰试验,最终替代F/A-18E/F战机执行空中加油任务。此外,美英探索发展海上应急补给/救援无人机,2月,美国海军成功利用"天空之路"V2.2无人机向"福特"号航空母舰运送物资;7月,英国海军成功利用"密涅瓦"T-80和T-150无人机投放救生装备。

为支持分布式海上作战目标,加快大中型无人舰艇研制。4月,"海鹰"号中型无人水面艇移交美国海军第一水面发展中队,该艇满载排水量145吨,主要作为试验艇,连同姊妹舰"海上猎手"号,共同开展作战概念开发工作;5月,"游牧民"号大型无人舰自主航行至加利福尼亚州,全程4421海里(约8188千米),98%的航程处于自主航行模式,预计2022年入役;6月,美国海军授出4400万美元合同,将"阿巴拉契科拉"号远征快速运输舰改装为大型无人舰,该舰长103米,甲板面积1800米^2,未来,可能加装垂直发射单元,作为海上编队的弹舱;9月,美国国防部战略能力办公室"游骑兵"大型无人舰采用集装箱发射装置,成功试射"标准"-6远程防空导弹,初具防空能力,标志着快速支援舰改装无人舰的设计目标已基本实现。此外,中小型无人水面艇在反水雷领域得以广泛应用,3月,比利时和荷兰海军选定"监视者"125型无人水面艇作为下一代反水雷装备,2023年起部署运用;4月,美国海军采购第4艘无人感应扫雷系统,作为近海战斗舰的反水雷任务包,对抗声磁水雷;5月,土耳其海军完成ULAQ武装无人水面艇实弹试射试验,其上激光制导导弹成功命中4千米外的目标,后续还可搭载反水雷载荷;7月,新加坡海军完成反水雷无人水面艇作战试验,装备法国K-STER C轻型一次性灭雷具,对抗锚雷、沉底雷和智能水雷。

打造新型水下战装备体系,发展大中型无人潜航器。各国海军持续开展超大型、大排量、多任务无人潜航器研制工作,目的是替代核潜艇前出执行危险任务。2月,英国开始为"魔鬼鱼"超大型无人潜航器原型艇征集新型传感器和有效载荷。4月,俄罗斯"波塞冬"大型核动力无人潜航器在北极地区进行测试,计划2022年夏季最先部署到该地区,9月,俄罗斯国防部批准了Klavesin-2R-PM无人潜航器在远东测试计划。8月,美国海军首型大排量无人潜航器"蛇头"加速原型艇研发工作,通用原子公司获得相关电力和动力系统合同；2月，首批5艘超大型无人潜航器"虎鲸"加速制造，预计2022年交付。10月，法国首次对外展示正在测试的超大型无人潜航器，其长10米（加装模块化载荷舱可达25米），排水量10吨，未来将用于反水雷和反潜任务。

三、健全组织管理，保障战斗力生成

成立全球首支无人特遣部队。2021年9月9日，美国海军第五舰队成立第59特遣部队——无人与人工智能特遣部队，该特遣部队是海军首支无人作战舰队，通过在中东地区体系化运用无人机、无人水面艇和无人潜航器，加速有人/无人混合舰队建设。该特遣部队由近海战斗舰舰长、北约"海上无人系统倡议"创始人迈克尔·布拉瑟上校担任首任指挥官，由相关领域专业人士担任团队成员，包括无人系统主管、无人演习指挥官、特遣部队集成专业人员以及网络、人工智能、太空领域专家。第59特遣部队是美国海军首支无人舰队与第五舰队9个特遣部队之一，是海军打破官僚主义、尝试运用新质力量的重要一步，通过最大限度运用军民两用无人系统、在中东低强度对抗环境下开展实兵演练。在测试阶段，验证无人系统在受控环境中独立执行任务的能力，在作战试验阶段，不断优化调整作战概念，在应急行动阶段，与当前和未来作战行动融合一体。

筹建快速自主集成实验室。为避免无人装备"烟囱式"发展，2021年，美国海军加速筹建"快速自主集成实验室"，该实验室专门负责自主软件开发、测试和认证，拟分阶段改进和开发标准化自主无人系统：一是运用软件工厂实现自主软件的快速研发、认证和测试；二是运用DevSecOps（开发、安全和运营）模式，推行自主软件工具、服务、标准；三是同行评议，识别自主差距、需求和性能指标;四是通过标准化跨平台的规划、控制,实现通用控制;五是发展无人海上自主架构,实现自主接口标准;六是实现数据可用,支持人工智能和自主技术发展。

提出成立美国海军自主项目办公室。2021年5月25日,美国战略与预算评估中心发布《为海上优势提供先进无人自主系统和人工智能——设立美国海军自主项目办公室》报告,建议基于PMS-406无人海上系统项目办公室设立海军自主项目办公室,打破无人系统发展限制因素。寻求在舰队和研发生态系统之间架设桥梁,引导研发机构以军事需求为导向持续投资;同时整合分散的无人项目办公室,聚焦新概念、新技术、新组件、新系统和新应用的早期演示验证,以快速集成至未来采办项目,完成无人系统原型机交付。图1为美国战略与预算评估中心提出成立美国海军自主项目办公室组织架构图。

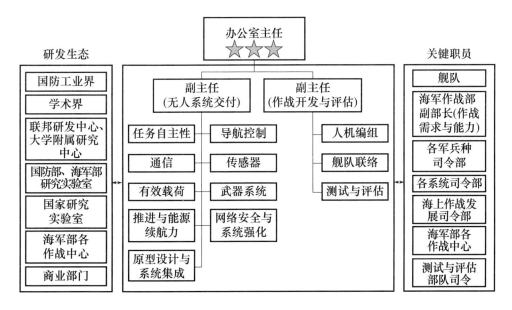

图1 美国海军自主项目办公室组织架构

四、重视试验演训，促进战术技术程序成熟

2021年4月19日至26日，美国海军太平洋舰队首次举办无人系统舰队演习——"无人系统综合战斗问题21"，20余型有人、无人系统参加试验，旨在演练无人系统指挥控制，凝练战术、技术和程序，使操作员获得海上无人系统作战运用经验。其中2项演习内容值得关注：一是超视距目标指示，MQ-9B无人机投放声纳浮标，A型浮标40个，或G型浮标80个，利用自动识别系统与P-8A、MH-60R建立连接，通过无人机海上全球指控系统进行link 16数据交换，完成目标识别，随后，将超视距目标位置信息发送至导弹巡洋舰；二是超视距火力打击，靶船配备了小型雷达反射器和中继器，可发出电磁信号，无人机、无人水面艇和有人舰艇利用传感器探测到相关信息，转发至"约翰·芬恩"号导弹驱逐舰，随后，该舰利用融合数据发射了增程型"标准"-6导弹，成功击中本舰雷达探测范围之外200英里（约320千米）靶船。参演装备情况见表1。

表1 参演装备情况

装备类别	装备类型	装备型号
无人系统	无人水面艇	"海上猎手"中型无人水面艇（SH 1）
		"海鹰"中型无人水面艇（SH 2）
		ADARO极小型无人水面艇
		MANTAS T38"魔鬼射线"无人水面艇
		远程无人水面艇（LRUSV）
	无人潜航器	CARINA无人水下滑翔机
		海洋航空公司水下/水面双模航行器

续表

装备类别	装备类型	装备型号
无人系统	无人机	"香草"超长航时无人机
		MQ-8B"火力侦察兵"无人直升机
		MQ-9B"海上卫士"无人机
有人装备	潜艇	"汉普顿"号攻击型核潜艇
	水面舰	"普林斯顿"号巡洋舰
		"沃思堡"号近海战斗舰
		"科罗纳多"号近海战斗舰
		"安克雷奇"号船坞运输舰
		"迈克尔·蒙苏尔"号驱逐舰
		"菲茨杰拉德"号驱逐舰
		"斯托克代尔"号驱逐舰
		"斯普伦斯"号驱逐舰
		"约翰·芬恩"号驱逐舰
	舰载机	P-8A 海上多任务飞机
		E-2C 预警机
		EA-18G 电子战飞机
		MH-60R 直升机
		MH-60S 直升机

4月，美国海军信息战中心举行年度"先进海上技术演习"，对指控、通信、作战域机动、火力及效能、舰队支持、信息环境下作战六大能力领域65项新兴技术进行了现场演示、讨论和评估。2015年，海军水下战中心发起"先进海上技术演习"，此后演变为海军研究实验室、水面战中心、空战中心、信息战中心等整个海军科研机构的演习活动。至2021年，分别开展了"水下星座""跨域通信与指控""拒止环境中的战场准备""人机接口""战斗准备：水下安全""对抗环境下的一体化海上力量"，累计评估

技术等 370 项主题。通过演习探索新兴技术，服务高效开发和部署原型，促进技术的跨军种应用。历届"先进海上技术演习"情况见表 2。

表 2 历届"先进海上技术演习"情况

时间	2015 年	2016 年	2017 年	2018 年	2019 年	2021 年
主题	水下星座	跨域通信与指控	拒止环境中的战场准备	人机接口	战斗准备：水下安全	对抗环境下的一体化海上力量
主办方	水下战中心	水下战中心	水下战中心	水下战中心	水下战中心	信息战中心
举办地点	水下战中心	水下战中心	水下战中心、水面战中心、第 5 潜艇发展中队	水下战中心、气象与海洋司令部、东南新英格兰国防工业联盟、密西西比技术企业	水下战中心、气象与海洋司令部、东南新英格兰国防工业联盟、密西西比技术企业	信息战中心
参与组织	3 个	30 余个	40 余个	55 个	60 余个	—
参与人数	50 人	400 人	约 580 人	约 800 人	约 800 人	约 800 人
提案数量	1 份	42 份	43 份	54 份	86 份	—
演习数量	1 场	10 场	24 场	29 场	42 场	
签署协议	0 份	约 10 份	约 24 份	约 33 份	约 49 份	

10 月，由欧盟出资、欧洲防务局执行、15 个欧洲国家 43 个机构参加的"海洋 2020"演示验证项目结束。项目执行期间分别在地中海和波罗的海进行了大规模试验，验证了协同使用无人机、无人水面艇、无人潜航器，提高海上态势感知能力，加速 OODA 环闭合。演习期间，一是验证无人系统探测和收集目标信息，创建通用海上图像；二是验证多型无人平台和系统协同作战，应对水雷和潜艇威胁，其中 CB 90 巡逻艇和"皮拉亚"号监视

艇展示了自主操作和协作能力,"深视"侧扫声纳用于定位水下威胁,9LV战斗管理系统提供综合态势,安全服务架构在所有系统之间建立连接和分发信息。

五、论证作战样式,加速融入现有装备体系

2021 年前后,哈德逊研究所、战略与预算评估中心等智库开展系列研究,针对反舰、反潜、水雷战、情监侦等核心任务,提出了多种海上无人系统作战样式。

针对反舰作战严重依赖舰载机联队的现状,提出由大型无人舰配备 32 枚对陆/海打击导弹、中型无人艇与驱逐舰混编,组成以反舰为核心使命的水面行动群,多个水面行动群协同作战形成分布式、不间断的远程火力,显著提升反舰火力的规模和多样性、灵活性。

针对区域反潜,依赖驱逐舰、攻击型潜艇等高价值、多任务平台,广域、持久反潜效能低、成本高的问题,提出利用察打一体中型无人艇、中空长航时无人机实施空海一体、有人/无人协同探测、跟踪和打击潜艇,必要时还可由超大型无人潜航器实施隐蔽突袭。

针对水雷无差异化打击、清理困难,以及反水雷耗时长、难度大的问题,提出采用小型无人潜航器携带水雷,到目标水域实施隐蔽待机,在发现目标后实施精准布雷,避免大范围无效布雷带来的水雷清理问题;利用多艘无人潜航器组网,实施水雷探测、识别,确认目标后布放炸药予以摧毁,实现一次性全流程反水雷作业,改变传统反水雷模式耗时数小时甚至数天的现状。

为强化西太、东欧等海域预警、监视能力,提出"侦察威慑"概念,

利用美国及其盟国与合作伙伴现有的无人机、无人水面艇、太空系统、漂浮传感器等构建多域侦察网络，提升印太地区海上态势感知能力，达到慑止对手潜在军事行动目的；提出发展航空母舰舰载无人作战飞机，在航空母舰打击群最外围执行巡逻警戒和打击任务。

六、结束语

以美国为代表的军事强国积极布局海上无人系统发展，2030 年前后有望实现批量列装：一是形成更严密广域立体监视网络；二是形成广域分布、灵活抗毁的作战网络；三是形成多域多层杀伤网络，打造全新的体系优势。

（中国船舶集团第七一四研究所
孙明月　闫俊平　张大中　于宪钊　柳正华）

2021年空中自主系统发展综述

2021年，世界主要军事强国大力发展空中自主系统，无人加油机、"忠诚僚机"、空中回收技术取得瞩目成就；持续研发新技术、新设备，并开展飞行验证；发展对抗小型无人机威胁的反无人机系统，并进行演示试验。

一、无人机重点项目不断推进

（一）美国多个无人机项目进行演示验证

XQ-58A"女武神"首次释放有效载荷试验成功。3月，美国空军研究实验室在亚利桑那州尤马试验场成功完成了XQ-58A"女武神"无人机第六次飞行试验，这是该无人机首次有效载荷释放试验，XQ-58A"女武神"打开舱门并释放了一架ALTIUS-600小型无人机。XQ-58A"女武神"无人机配有多种有效载荷，可用于执行电子战，反无人机系统，以及情报、监视和侦察等多种任务，还可从空中、海上或地面发射，执行长续航任务。

"天空博格人"项目取得重要进展。4月，美国空军研究实验室UTAP-22"灰鲭鲨"无人机，在廷德尔空军基地完成了"天空博格人"项目"自主控制系统"首飞，历时 2 小时 10 分钟，标志着"自主可消耗飞机实验"计划达到重要里程碑。8 月，美国战斗机和先进飞机项目执行办公室分别授出合同，在 XQ-58A 无人机和 MQ-20 无人机基础上开发"天空博格人"。

MQ-25A"黄貂鱼"无人机完成多次飞机空中加油任务。3 月，MQ-25A 无人机完成超过了 6 小时飞行试验，飞行高度达到了 30000 英尺（9144 米）；6 月，MQ-25A 无人空中加油机为美国 F/A-18 战机首次加油试验成功；8 月，MQ-25A 无人试验装备完成了为 E-2D"鹰眼"指挥和控制飞机加油任务；9 月，MQ-25TM T1 试验机为 F-35C"闪电"Ⅱ战斗机完成加油任务。三次加油试验中，MQ-25TM T1 伸出"软管-锥套"式加油装置，随后空中试验与评估的飞行员先在 MQ-25TM T1 后面进行了尾流测量，以确保飞机在与 MQ-25TM T1 的空中加油锥管实际接触之前的性能和稳定性，继而接收机从 MQ-25TM T1 的空中加油库接收燃料。

"小精灵"无人机项目演示空中回收。10 月，美国国防高级研究计划局（DARPA）成功进行"小精灵"无人机空中回收试验。验证过程中，两架 X-61"小精灵"无人机成功演示所有自主编队飞行位置和安全特性，随后 C-130 运输机对一架"小精灵"无人机进行空中回收。DARPA 进行了四次飞行试验，收集了数小时数据，包括无人机性能、"小精灵"无人机之间空气动力学相互作用，以及空中回收动力学等。试验中，一架"小精灵"无人机在飞行中坠毁。

"死神"家族不断升级。1 月，MQ-9A 无人机完成超视距高频指挥控制能力演示；MQ-9B"海上卫士"无人机集成"浪花"海事雷达，可检测、跟踪和分类数百个海上目标，具备了持续的海上情报、监视和侦察能力；2 月，MQ-9A Block 5 无人机配备了新型航空电子设备舱中心线成功完成首次飞行；3月，海军陆战队的第一架MQ-9A无人机实现了1万小时的总飞行小时数，是部队现代化建设的一个重要里程碑；5月，MQ-9"死神"无人机完成同时外挂自由吊舱、中心线航电吊舱和"罗塞塔回声先进载荷"吊舱等三种吊舱试验；9月、12月，MQ-9B"海上卫士"无人机在英国空域进行了首次点对点飞行试验，以及多项作战能力演示试验，包括先进的海上情报、监视和侦察，探测和规避、续航能力以及与北约互操作性；6月、10月，"灰鹰"增程型无人机完成模块化开放系统研发，并使用新发电机系统完成了初步飞行试验。

RQ-4"全球鹰"新使命。4月，日本制造的RQ-4B"全球鹰"高空遥控侦察机成功首飞；9月，美国空军使用RQ-4B Block 30"全球鹰"无人机完成"先进作战管理系统"演习；10月，即将退役的RQ-4"全球鹰"无人机将改造为"射程鹰"监视平台，支持并监测高超声速导弹试验。

（二）多国竞相发展无人"僚机"

俄罗斯S-70"猎人"无人机进行投弹试验。1月，俄罗斯隐身攻击无人机S-70"猎人"完成投弹轰炸试验，从机身内部投放了500千克非制导炸弹。下一轮试验将发射空空导弹。S-70旨在与苏-57隐身战斗机配合使用，并在苏-57隐身战斗机不受威胁的情况下突破防空系统。

英国"忠诚僚机"进入第二阶段。1月，英国防部宣布拨款3000万英镑（4100万美元）实施"蚊子计划"的第二阶段，该计划为"轻便经济型新型战斗机"计划一部分，将设计和制造英国皇家空军"忠诚僚机"原型机。"蚊子计划"分为两个阶段，第一阶段为无人机进行了系统初步设计。

澳大利亚继续发展"忠诚僚机"。3月，澳大利亚皇家空军"忠诚僚机"无人机成功完成首次试飞。澳大利亚宣布在投资了4000万澳元基础上，再投资1.15亿美元发展"忠诚僚机"计划。澳大利亚波音公司表示，将通过数字测试和演示验证，推进"空中力量编队系统"先进概念，除了改进设计和支持系统外，将进一步开发任务系统，包括先进人工智能决策能力和协同作战能力。

二、持续推进新型无人机研发

DARPA 启动"远射"无人机设计。2 月，DARPA 宣布其"远射"计划正在开发一款可以使用多种空空武器的无人机，目的是研制可以显著扩大交战范围，提高任务效率并降低有人驾驶飞机风险的无人机。该计划合同已授出，DARPA 联合多家公司开展第一阶段初步设计工作，并发布"远射"飞机发射空空战斗无人机效果图。

美国空军发展"极速赛车手"无人机。3 月，洛克希德·马丁公司表示为美国空军研制的"极速赛车手"无人机。该无人机将支持美国空军研制"E 系列"武器系统数字工程模型，成为未来无人机和低成本巡航导弹的基础。美国空军研发"E 系列"武器系统数字工程模型，目的是缩短飞机和导弹的开发周期和成本。

俄罗斯推出新型第五代战斗机"将军"的无人版本。11 月，俄罗斯首次披露了第五代"将军"轻型战术飞机的无人版本，并计划在 2023 年前建造 3 架"将军"无人机原型，并进行首飞试验。

三、反小型无人机系统迅猛发展

（一）美国反无人机系统

美国国防部发布《反小型无人机战略》。1 月 7 日，美国国防部发布了

《反小型无人机战略》,指出小型无人机系统(sUAS)指数级增长给国防部带来了新的风险。sUAS 为政府、非政府组织和犯罪分子提供了强大的军事能力。sUAS 不合理使用可能对美国国防部在空中、陆地和海上的作战行动造成危害。为应对挑战,国防部需要一整套战略应对 sUAS 的危害和威胁。战略提供了一个应对 sUAS 框架,实现三个战略目标:一是通过创新和协作,加强联合部队对美国国防部在本土、东道国和应急地点的人员、资产和设施的保护;二是开发装备和非装备解决方案,促进安全执行美国国防部任务,并提升达成目标的能力;三是建立和扩大与盟国及合作伙伴的关系,保护美国在国内外利益。2 月,美国国防部宣布,将在 2022 财年部署反小型无人机拦截器,美军初步列装的反小型无人机系统将采用低附带毁伤拦截弹,未来还有可能采用激光、高能微波等定向能武器。

自定义反无人机系统。3 月,美国国防部和其他政府机构开始发展自定义反无人机系统,以增强多域无人机态势感知能力。自定义反无人机系统,可将监测到的无人机信息输入反无人机系统,并可快速部署并满足操作员便携作战需求,以保护美国领空。其功能包括监测、分类、定位,以及消除威胁,还可提供信息传递与跨机构互操作。

美国陆军继续推进新型"反小型无人机–高能激光项目"。10 月,该项目反无人机激光"盾牌"系统组件"小望远镜"雷达和 MIMIR 指挥与控制软件交付,以加速 2022 财年演示反小型无人机–高能激光作战能力。"盾牌"系统采用新一代反小型无人机技术,为高能激光武器系统提供第 1、2 类无人机的探测、跟踪和识别。"小望远镜"雷达拥有专用 Ku 波段相控阵和雷达数据处理技术,能凭借小巧的外形实现对小型无人机的高精度检测和跟踪。MIMIR 指挥与控制软件实现了雷达与其他传感器和系统的智能集成,可提供高性能、自适应的指挥和控制能力,即使在恶劣环境中也能保持任务效果。

(二) 俄罗斯反无人机系统

俄罗斯完成移动"反无人机手提箱"——"保护"研发。2月，俄罗斯电子公司推出"保护"反无人机设备。该设备部署时间不超过30分钟，可对2千米范围无人机进行控制，能够探测到无人机操作台的位置，切断其与无人机之间的通信信道。其配备的无源雷达，本身不会主动发射信号，而是利用外部发射机信号，不被其他拦截设备发现。

俄罗斯特种兵将部署反无人机装甲战车。2月，俄罗斯国防部宣称，俄军特种部队将部署"虎"-M型反无人机装甲战车。装甲车上配备DM遥控武器站，装备大口径机枪，车顶安装烟雾弹发射器。遥控武器站能够在静止或行进期间在2500千米半径内自动锁定、跟踪并击毁空中目标，夜间有效范围为1500千米。

(三) 欧洲反无人机系统

欧洲推出"天空卫士"反无人机系统。2月，欧洲在2021年国际防务展览会展示"天空卫士"反无人机系统。"天空卫士"系统既可作为分层防空体系结构中的一个组成部分作战，也可以独立作战，其核心是指挥与控制系统，执行从探测到压制的反无人机整个杀伤链管理，协调控制传感器、软杀伤效应器和硬杀伤效应器，压制从1级微型无人机到大型战术无人机，以及其他空中威胁。

英国发展部队与民航使用的两种反无人机系统。7月，泰雷兹公司与英国"作战方案"公司合作，开发民用航空使用的反无人机系统。10月，泰雷兹公司推出新型陆基多任务雷达GO20 MM，为部队提供防护，该雷达可同时监视地面和低空无人机目标，特别是具有良好的早期探测微型无人机能力。

土耳其发展反无人机电子战系统。11月，土耳其国防工业局与梅特克森国防工业公司达成协议,发展新的电子战系统,探测和攻击"流氓无人机"以及载人飞机、直升机和导弹等目标;新的电子战系统还可对陆地、空中和海上作战平台全球定位系统终端和指挥与控制系统进行电子攻击。

(四)无人机拦截试验

美国国防高级研究计划局试验反无人机系统多层防御架构。6月,DARPA 在埃格林空军基地进行的一系列试验,演示反无人机系统多层防御架构,防御非法入侵军事设施或作战的无人机,为机动部队提供防护。技术验证机运用新型 X 波段雷达,自动感应和识别并消除无人机威胁。通过连接指挥和控制系统自动决策引擎,雷达将目标无人机和存储的拦截器比对,随后,系统将发射和制导带有旋转翼和固定翼两种无人机拦截器实施拦截,整个过程自动进行。

美国陆军"郊狼"Block 3 演示击败无人机集群。7月,在亚利桑那州尤马试验场,美国陆军综合火力/快速能力办公室联合进行反无人机集群演示验证,运用"郊狼"Block 3 非动能无人机,与 10 架尺寸、复杂性、机动性各不相同的无人机交战,成功击败该无人机集群。

美国国防部完成自主反小型无人机拦截器演示。8月,美国国防部非正规战技术支持局成功演示自主无人机拦截试验。演示中,从偏远地方发射的、尺寸和型号各异的无人机,渗入由"苍鹰"拦截无人机保护的禁飞区。进行早期目标探测后,"苍鹰"拦截无人机自主发射并实施拦截。演示还模拟了各种场景和情况,如跟踪复杂目标和与棘手敌方正面交战等。"苍鹰"拦截无人机最终成功拦截、捕获、携带和处置所有靶机,并展示了捕获到的敌方无人机。

俄罗斯反无人机部队进行攻击无人机演习。9月,俄罗斯西部军区反无人机部队在列宁格勒州卢日斯基训练场进行反无人机演习,出动了无人机编队和"铠甲"－S 弹炮结合防空系统，击退了假想敌侦察破坏小组和攻击无人机中队的袭击，为全军和下属联队总部野战移动指挥部提供防护。

四、结束语

2021 年，世界主要军事强国空中自主装备发展取得重大成果，重点项目"小精灵""黄貂鱼""死神"家族等取得了重要进展，"无人僚机"继续受到主要国家重视。纳卡冲突表明，无人机正在成为改变现代战争战局的新型重要力量，同时，此次战争也推动了反无人机技术迅猛发展。

（中国航天科工集团第三研究院三〇二所　张梦平　王平）

2021 年地面自主系统发展综述

2021 年,世界地面无人自主系统继续保持快速发展态势,美国、英国、俄罗斯、韩国、爱沙尼亚等国在地面无人自主系统重点型号项目、新兴自主技术等方面取得重大进展。

一、军用地面自主系统发展备受关注

(一)美国陆军继续推进"机器人开发"计划,积极开展机器人战车试验

美国陆军 2022 财年申请 8450 万美元预算,继续开发机器人战车,并进行士兵试验。预算包括轻型和中型机器人样车发展经费。4 月至 9 月,美国陆军已分别从承包商团队接收了轻型和中型机器人样车,并在密歇根州格雷林营地进行减震试验。随后,美国陆军将进行无人车组网试验,演示包括:4 辆轻型无人战车、4 辆中型无人战车、4 辆重型无人战车(由 M113 装甲人员输送车替代)、6 辆任务授权技术控制车(由"布雷德利"战车改装而成)等 18 辆无人战车组网能力。减震试验与组网将同步进行,减震试验先后在格雷林以及胡德堡进行,胡德堡试验包括士兵车辆训练、情景训

练与实弹训练。2021 年 11 月至 2022 年 5 月，将由美国陆军和评估司令部进行无人战车单独使用安全测试以及与任务授权技术车搭配使用安全测试。

（二）英国陆军着眼新版机器人与自主系统战略

2021 年 3 月 22 日，英国国防司令部发布纲领性文件，其中转型和现代化计划是重要的组成部分。机器人与自主系统是英国陆军四个研发主题之一，其他主题包括人工智能与机器学习、电气化和网络传感器与效应器等。目前英国陆军正在研究如何将四个研发主题集成到部队可实施计划中，实现以不同方式作战。

英国陆军正在制订的机器人与自主系统引进和使用的长期战略，将未来 20 年人机编队发展划分成三个阶段，如图 1 所示。第一阶段，2025 年前将实现机器人与自主使能系统编队，机器人遥控，用户工作负荷较高；第二阶段，2025—2030/2035 年，将出现机器人与自主系统合成编队，机器人被分配任务，用户工作负荷降低；第三阶段，2040/2050 年前，将出现机器人与自主系统以及监督人员编队，机器人在士兵监督状态下执行任务，士兵工作负荷降至最低。

英国陆军计划 2025 年前完成机器人与自主系统编配的轻型旅，2030 年前发展机器人与自主系统合成打击旅，2035 年前使机器人与自主系统在师级部队广泛应用。为实现目标，需要并行开展"交付/开发/研究"活动，例如在交付 2025 年初始时期的机器人与自主系统时，开发第 2 期（2025—2030 年）系统，研究第 3 期（2030—2035 年）系统。英国陆军正试图开发一种"协作竞争方法"，在陆军作战试验结构中建立商业框架，包括"大规模采购和试验"、螺旋式研发和能力概念演示，采用正式分享创意和经验的方法，支持制造商之间的合作。

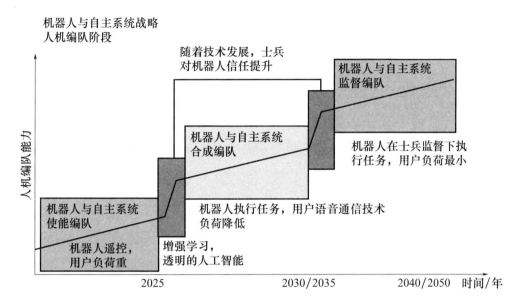

图 1 英国陆军机器人与自主系统人机编队路线图

(三) 俄英加紧部署地面无人自主系统

4 月,俄罗斯国防部宣布将发展并组建第一支装备"天王星"-9 无人战车的部队,每套系统都包括 4 辆无人战车和 1 辆卡玛兹卡指挥控制车。当前,5 套"天王星"-9 系统已交付,随后将再交付 5 套系统;此前俄罗斯只是将"天王星"-9 无人战车作为单独系统进行操作。该无人战车通常配备 2A72 式 30 毫米自动炮、PKTM 式 7.62 毫米机枪、"攻击"导弹和"什米尔"火箭弹发射器。俄罗斯国防部正在优先考虑为武装部队配备各种无人系统,其种类将不断增加,包括核、生、化、放等侦察系统,水面和水下无人系统等,同时要改进核、生、化、放防护能力。俄罗斯国防部表示,2022 年将生产出军用新型重型扫雷无人车样车,以清除功能更强大的反坦克地雷。

2 月,英国军方排级机器人战车计划第二阶段再次订购了 4 辆"任务大师"无人车。该项目旨在试验排级无人车提高作战部队火力和作战的能力。

英国军方已经采购4辆配备货运模块"任务大师"无人车，现在增购的是4辆配备火力支援模块"任务大师"无人车，已于5月至8月交付，其上配备7.62毫米"游骑兵"多功能遥控武器站，即使远程射击也能确保高精度和高杀伤。火力支援模块"任务大师"是模块化自主无人车，旨在提高部队的作战效率。"任务大师"无人车既可自主，也可半自主，由于采用模块化、可快速安装组件，"任务大师"无人车可用于执行监视、警戒、伤员后送、核生化放检测和移动无线电中继站等多种不同作战任务。

（四）韩国地面无人侦察战车取得重大突破

4月，韩国国防采购局宣布，已经成功完成6×6无人侦察地面车辆探索性开发。该无人侦察车由国防发展局领导研发，是全球首个进入到系统开发阶段的中大型无人地面战斗车。该无人侦察车旨在执行诸多不同任务，如侦察、目标制导、与敌人交战等，还可在各种地形上远程引导机械化部队，包括战术道路、越野和未铺砌的道路。当前，其自动驾驶、障碍物检测/躲避和监视等关键的无人驾驶技术达到6级技术成熟度，这是进行全系统演示的关键条件。

二、武装型和作战保障型地面无人自主系统发展现热潮

（一）武装型地面自主系统持续快速发展

2月，俄罗斯新型"尤达"无人战车具备了战场自主机动，以及与轻型机器人和无人机之间交互的能力。"尤达"无人车已与侦察、炸毁目标、运输货物和疏散伤员的轻型机器人进行了互操作性测试，还将试验与无人机进行交互试验，包括使用自供电系留式无人机。该无人车还能够收集情报数据，并以自主模式运输各种货物。当前计划为该无人车配备电子战系统，

以干扰对手的硬件和仪器零件。但"尤达"无人战车保留了手动控制模式。

8月,俄罗斯国防部在俄"军队-2021"国际军事论坛上签订了首份"突击手"无人坦克样车采购合同。该系统包括4辆由T-72B3型坦克改装的无人操控样车,其中第1辆配备1门短身管D-414式125毫米滑膛炮和1个推土铲,第2辆配备RPO-2"什米尔"-M温压火箭筒,第3辆配备2门2A42式30毫米自动炮,第4辆配备类似TOS-1A重型温压多管火箭炮的武器。俄罗斯国防部还在制订城市作战使用机器人系统的战略,"突击手"无人坦克是这一作战概念的关键组成部分之一。城市作战,无人车可降低作战人员的伤亡。俄罗斯国防部正研发用于图像识别和机器视觉功能的海量数据集,以支持"突击手"无人坦克的自主行动。

2021年阿布扎比国际防务展览会,阿联酋搭载"皮蝇"巡飞弹的新型"艾格玛"两栖无人车。该无人车可执行多种任务,已通过极端和恶劣条件下的严格测试。"皮蝇"是新一代巡飞弹,用户在低能见度条件下,也能从远处精确探测、跟踪和消灭目标;若发射后需要中止,该弹可重新定向打击目标或中止任务着陆并回收。

8月,2021年土耳其国际防务展览会,展出其新型"影子骑士"武装无人车原型。"影子骑士"无人车族包括5种变型车,分别是指挥控制车、战术诱骗车、火力支援车、工程侦察车、后勤支援车。火力支援车是武装型无人车,配装一门25毫米自动炮的无人遥控炮塔,由于炮塔不具备自主射击能力,因此需要炮手操控。武装型"影子骑士"无人车不仅增强了火力,还集成了360°探测系统和自主控制系统,具备遥控、自主和有人驾驶等可选三种作战模式,还能提供有人-无人系统编队能力,支持车辆伴随作战。武装型"影子骑士"无人车在M113装甲人员输送车平台开发,研制重点发展新型无人车自主技术。该无人车具有自主巡逻、跟随和返回基地三种模式，配备了基于人工智能的自主套件、决策支持系统、传感器套件，以及定位与态势感知系统，模块化设计使其适于在恶劣条件和地形执行不同任务。其中自主套件采用开放式架构设计，便于未来技术升级，还可搭载不同有效载荷，以遂行监视与侦察、战术欺骗、后勤保障、通信中继、火力支援和军事撤离等任务。武装型"影子骑士"无人车配备了先进的全球卫星导航系统、电子战反干扰传感器、射频和通信系统，还具有路径导航功能，能有效支持巡逻任务，在全球卫星导航信号弱或没有信号的环境中，可采用跟随模式。此外，该平台还配备了障碍物探测和避障功能。

2021年阿布扎比国际防务展览会，以色列展示了"毒刺"轻型有人-无人战车。该战车是基于标准高机动多用途轮式车底盘的6.8吨级车辆，机动性能突出，专为越野和公路行驶设计，包括市区狭窄街道；采用北约标准4560 Vol 14级水平的高防护舱设计；可配装两个遥控武器站，主炮塔配装1挺12.7毫米机枪或1门30毫米自动炮以及导弹发射器，轻型遥控武器站位于车体前部，乘员能在暴露最少情况下进行观察和射击，提高了此类车型的打击能力。该车另一独特功能是具备内置自主性。该车配装了控制电动转向器、齿轮和踏板执行器的电子控制单元，该装置通过按钮触发，将有人车辆配置为无人车。作战时，多辆"毒刺"无人车可在部队最前沿机动作战，其乘员将下车在安全距离上执行任务，并操控多个无线电遥控装置（每名乘员配备一个单独的无线电遥控装置），无人车则向前机动，在探测到来袭火力时使用车载武器系统与敌军交战。该车可进入街角，使用车载光电传感器进行扫描，或在掩护情况下向敌军射击。

（二）作战保障地面无人自主系统发展迅速升温

8月，英国国防科学与技术实验室开始发展概念演示器，探索运用自主机器人检测威胁生命的化学、生物和放射性危险品。该概念演示器包括：

新的传感器和自主行为、模块化自主控制设备、GNSS 的非导航系统和用户界面。无人车系统将通过传感器大面积探测化学、生物和放射性危险品。国防科学与技术实验室已授出合同，改装"北欧海盗"6×6 无人车，形成开放式体系架构"托盘"，使之携带化学、生物和放射传感器；集成该实验室在现有的化学和放射传感器上开发的套件。该实验室还将发展自主算法，使化学、生物和放射传感器具有辅助驱动无人车能力，以及检测化学或放射危害区域并绘制图像。

7 月，澳大利亚国防军与国防部联合开始研发核生化放无人侦察车。该车采用自主技术发展自动驾驶硬件，并采用传感器视觉、计算机视觉、人工智能和中立网络等操作系统技术，实现自行导航，自主发射车载定制无人机。该无人机利用 DTSG 算法和传感器来执行核生化放探测和感知任务，可自动检测和感应核生化放制剂，采集的数据随后传送至任务控制中心，在任务完成后返回发射车。该无人机及其发射与回收系统的初步概念设计于 2021 年第 3 季度完成。

3 月，美国空军授出合同研发与演示全自主地面无人靶车，以模拟多类车辆，为进行瞄准和打击训练，以及弹药评估提供高度逼真目标。合同要求首先研发一种靶车样车并演示验证。研发该靶车将应用改进后的商用"提线木偶"系统和路径规划软件，使车辆能够快速且经济高效地切换到自主行驶模式。其中，"提线木偶"系统已在英国"勇士"装甲车上进行了演示。

5 月，俄罗斯军事科学院提出发展独特的弹药运输－装载机器人方案，计划在陆军 MT－LB 型重型牵引车基础上改装。机器人货舱拟配装供弹机械系统，由操作员在 5 千米半径内远程操控，为前线作战的坦克、步兵战车、自行火炮及其他装备紧急补给弹药。世界上尚无国家拥有为坦克或步兵战车补给弹药的机器人，俄罗斯研制的弹药运输－装载机器人显著特征是可以部署在战斗最前沿,为装甲战车与自行火炮补给弹药,可使炮弹装载时间缩短 3~4 倍。

三、多项技术推动地面无人自主系统快速发展

(一)美国陆军加快推进引导跟随技术作战场景演示

6月,美国陆军未来司令部发布"快速机动自主多域打击"视频,介绍了美国陆军火力旅接到任务后,派遣数名士兵操控 1 门"海玛斯"火箭炮和 1 辆自主多域导弹发射车,由 C-130 运输机运载快速机动至前沿岛屿。之后,"海玛斯"火箭炮引导自主多域导弹发射车离开 C-130 运输机,抵达至指定发射阵地,收到目标位置和打击指令后,士兵操控导弹发射车发射"精确打击导弹",远距离打击对手中程地空导弹发射车和海上舰船目标,任务完成后"海玛斯"火箭炮再次引导自主多域导弹发射车离开发射阵地返回 C-130 运输机,迅速搭乘运输机撤离,避免遭到对手反击。

10 月至 11 月,美国陆军"会聚工程 21"综合试验在尤马试验场举行,聚焦联合作战技术与能力验证,对包括引导跟随技术等 107 项技术进行演示,验证联合部队挫败"反介入/区域拒止"的能力,以及联合作战关键技术,旨在通过融合人工智能、机器学习、自主系统、机器人,以及通用数据标准和体系架构等先进技术与方法,增强遂行跨域作战的陆军前线指挥官决策能力。此次试验设计了 7 个演习场景,前 3 个场景由联合部队联合演练,其余 4 个场景由陆军独立演练。场景四为半自主补给能力演示,重点验证引导跟随技术,即一个有人平台引导多个无人平台执行补给任务。此次演习,各军种统一制定了综合联合数据收集和评估方案,目的是为未来联合作战概念开发和作战场景设计提供关键信息。

(二) 美国陆军新网络软件支持有人－无人协同作战

8月,美国陆军着手研发"网络覆盖网"应用软件,旨在发展当前和未来陆军作战车辆中的机器人装备,支持有人－无人协同能力集成,协助无人车与先进有人作战平台(陆军可选有人战车)进行协同作战。该网络软件由陆军作战能力发展司令部 C^5ISR 中心与陆军未来司令部下一代战车跨职能团队,以及陆军项目执行办公室地面作战系统和地面车辆系统中心共同设计。

(三) 爱沙尼亚反无人机自主无人车技术取得突破

爱沙尼亚陆军推出一型反无人机自主无人车。该车在"忒弥斯"无人车底盘上集成了"鲨鱼"光电反无人机系统,采用人工智能和机器学习模型,可与动能、非动能武器系统以及雷达、射频探测器、干扰器、激光等传感器和效应器集成,能够防御巡飞弹和侦察无人机,为前沿部队提供自主精确探测、目标分类和瞄准能力。该反无人机自主无人车,能够为地面部队提供良好的态势感知与防护能力,使部队专注执行交战任务。

四、结束语

在日益增长的军事需求牵引和新技术快速发展推动下,2021年,外军地面无人自主系统装备与技术继续高速发展。以美国、英国、俄罗斯为代表的世界主要军事强国已将地面无人自主系统作为武器装备体系建设的重要组成部分,正全面快速推动地面无人自主系统的研发与部署,以适应不断变化的未来战场环境。

(中国兵器工业集团第二一〇研究所　孙毅　王桂芝　宋乐)

重要专题分析

2021 年仿人智能技术发展动向

人工智能虽然已经取得很大进展,但以深度神经网络为主流算法的人工智能仍然面临对于计算需求过大,以及算法功耗要求高等重大阻碍。世界主要国家通过应用传统人工神经网络、采用模仿生物神经元的"类脑计算"与人工突触和神经拟态芯片等方式寻求解决方案。

一、集成人工突触器件形成人工神经网络,模仿人脑的高效和自适应特性

受人脑中计算和存储过程集结合的启发,科学家们试图开发出更像人脑一样运行的计算机,并配备功能类似于神经元网络的设备。联想学习是近年来科学家们在类脑计算领域的一个研究重点。5月,美国西北大学联合团队在联想学习方面取得了新的突破,设计出了新颖的有机电化学"突触晶体管",它可以像人脑一样同时处理和存储信息。该研究基于有机电化学晶体管的非易失性特点,已成功展示了一种神经形态电路,该电路可通过组合压力传感器、光敏电阻、易失性有机电化学晶体管和非易失性有机电

化学晶体管，来模拟来自两个物理输入的联想学习。研究证明，这种晶体管可以模仿人脑中突触的短期和长期可塑性，在记忆基础上不断学习。凭借系统类似大脑的能力，这种新型晶体管和电路有望突破传统计算系统的局限性，包括其耗能的硬件和无法同时执行多个任务的有限能力。这种类似大脑的计算机还具有更高的容错性，即使在某些部件出现故障时也能继续顺利运行。

类脑系统中，两端忆阻器与三端突触器是当前开发热点。基于二维范德瓦尔斯异质结的三端器件在非挥发电学和光电存储器中也已有了广泛的应用。2月，新加坡国立大学提出了利用表面电荷转移掺杂调节导电通道载流子浓度进而提升器件滞回特性的思路。显著的滞回特性反映了器件存储性能的提高，这对于突触器件的运作至关重要。该成果证实了表面电荷转移掺杂在扩展基于二维过渡金属硫化物的电子设备功能上的有效性，并为基于电调制的类脑计算系统的开发提供了平台。6月，新加坡国立大学通过选择能带适配的二维材料来制备范德瓦尔斯异质结，并探索了其在低功耗存储器件及人工突触器件中的应用。异质结器件主要由多层石墨烯、氮化硼和二硫化锡组成。该成果展现的多级存储也表现出较长的保留时间与好的循环耐受性，预示着此三端器件有望应用于高能效的神经计算系统中。

二、类脑计算有望成为未来通用人工智能的实现路径

类脑计算是仿照人类的大脑和脊髓神经元进行信息处理的新体制异构计算技术。类脑计算概念最初的目的是用超大规模集成电路来模拟神经系统中的生物结构，此后该领域逐渐引入忆阻器、自旋晶体管等新型器件来实现神经系统的各种模型。8月，德国德雷斯顿应用物理和光子材料综合中

心发表最新研究成果,基于模拟人脑中皮质柱的行为储备池计算技术,通过受大脑启发的神经网络算法研发可穿戴设备,以更低的能耗实时监控血液流动,发现微弱生物信号中的异常模式。该成果证明了基于硬件的人工神经网络能够在没有标记数据时,通过可穿戴设备检出潜在疾病和异常。

三、神经拟态芯片在边缘端具有良好的应用前景和优势

通过芯片模拟人类神经乃至大脑,一直是人类追求的梦想。神经拟态计算是在传统半导体工艺和芯片架构上的一种尝试和突破,通过模拟人脑神经元的构造和神经元之间互联的机制,能够在低功耗以及少量训练数据的条件下持续不断自我学习,大幅提高了能效比。当前,美国英特尔公司在这一领域全球领跑。

10月,美国英特尔公司发布第二代神经拟态芯片 Loihi 2,以及用于开发神经启发应用的开源软件框架 Lava。该芯片整合了英特尔过去三年使用的第一代神经拟态芯片的成效,充分利用英特尔制程技术和异步时钟设计模式的进展。Loihi 2 集成 230 亿个晶体管、128 个神经形态核心、6 个低功耗 x86 核心,为简化与传统系统的集成还具有 10GbE、GPIO、SPI 接口。同时,Loihi 2 的新架构支持新型神经启发算法和应用,每个芯片最多有 100 万个神经元、1.2 亿个突触,最高可分配 1096 个变量状态,因此可提供高达 10 倍于上一代的处理速度。此外,该芯片还支持三因素学习规则与出色的突触(内部互连)压缩率,内部数据交换更快,并具备支持与内部突触相同类型压缩率的片外接口,可用于跨多个物理芯片,扩展片上网状网络。Loihi 2 相比上一代芯片神经元数量提升了 8 倍,基于核心大小为 0.21 毫米^2 的 Loihi 2,最多支持 8192 个神经元,对比核心尺寸为 0.41 毫米^2 的 Loihi,

最多支持 1024 个神经元。

四、结束语

仿人智能的核心在于类脑计算，这种方法更接近模拟大脑功能的实际特征。当前类脑计算研究热点——神经拟态计算在模拟人脑工作原理实现快速学习，解决极复杂的计算问题具有优势，有望满足卫星、无人机、单兵装备等的低能耗需求，并通过不断学习实现复杂环境中高效信息处理。

（中国航天科工集团第三研究院三一〇所　耿建福　韩雨）

2021年人机混合智能技术发展动向

2021年11月发布的《IEEE全球调研：科技在2022年及未来的影响》，认为未来10年将是人类与机器人更紧密协作的新时代，随着协作型机器人的批量化生产与广泛应用，机器人将能在未来10年内参与到更多、更重要的社会工作（包括军事行动）当中，人机混合智能被寄予更高的期望。

一、DARPA在人机混合智能领域加速布局

美国国防高级研究计划局（DARPA）认为，未来机器不仅仅是执行人类编程规则或从人类策划的数据集中进行概括的工具，机器将更多地用作同事而不是工具。为此，DARPA在人机混合智能、人机共生方面的研究和开发无一例外地将"与机器合作"作为目标。

2月，DARPA表示，其"马赛克战"项目分为3个阶段实施，并认为短期内人工智能在马赛克战中的主要作用是支持人机混合智能。人工智能目前在马赛克战中的主要作用是支持实现人机共生，即人类和人工智能分工合作。同月，DARPA宣布即将启动"感知赋能的任务指导"项目，开发

人工智能技术，通过扩展技能，提升士兵能力，并通过减少错误来提高士兵熟练度，使士兵遂行更为复杂的任务。该项目将开发具有感知功能的人工智能任务指导助理，发展进行视频和语音分析的机器深度学习技术、进行任务和计划监视的自动推理技术以及用于人机界面的增强现实技术。

2月，DARPA马赛克战的关键组成部分"空战演进"项目第一阶段完成了高层次"混战"（Scrimmage）1仿真测试，展示了两架蓝色F-16联合对抗一架红色敌方战斗机的过程，标志着继"阿尔法"格斗之后的第一个人机混合对抗得以实现。此外，本次对抗中用到的武器系统也更为复杂，其中包括一个用于短距离精确攻击的机炮和一枚用于攻击远程目标的导弹。3月，DARPA宣布"空战演进"项目第一阶段进程过半，并取得若干关键阶段性成果：视距内与视距外多飞机场景的人工智能虚拟空中格斗；人机混合飞行试验，以观测飞行员生理状况以及对人工智能的信任程度；对首架全尺寸教练机的初步修改，支持项目第三阶段的人工智能"飞行员"上机。"空战演进"项目旨在攻克人机协作的空中格斗难题，为空战开发可信任、可扩展、人工智能驱动、人机混合的自主系统。"空战演进"项目重点关注的一个方向是：衡量飞行员对人工智能遂行作战机动任务能力的信任程度，使飞行员专注于需要更高认知能力的战斗管理决策。

二、脑机接口成为下一个生命科学和信息技术交叉融合主战场技术

目前，美国在脑机接口领域遥遥领先。美国的脑机接口技术，尤其是神经界面技术百花齐放，已成功开发了多种外周神经电极、三维电极、柔性电极、环形电极、光遗传技术等。DARPA、脸书、谷歌、亚马逊、神经

链接等商业巨头也都在大力发展脑机接口技术，成果不断涌现，并已形成较高的技术壁垒。7月，脸书宣布停止研发头戴式光学脑机接口技术，由于2017年开始研究的头戴式光学脑机接口技术没有成功，脸书转而研发手腕式输入设备。

3月，美国神经链接公司宣布最新成果：将2个N1 Link脑机接口装置植入猕猴的手和手臂区域的运动皮层，实现用意念玩乒乓球游戏。该实验旨在探索建立一个安全有效、无线、可植入的临床脑机接口系统。未来，瘫痪患者用意念操作智能手机，速度将会比手指快；通过大脑和身体运动/感觉神经元集群中的神经链接公司装置，信号将实现传输，下肢瘫痪患者就能够再次行走。帮助残障人士只是神经链接公司的短期目标；未来神经链接公司将进军医疗领域，很有可能利用脑机接口来对抗癫痫、重度抑郁、自闭症、阿尔茨海默病、帕金森综合征等目前难解的神经疾病。神经链接公司希望在2022年对其设备进行人体测试，使瘫痪的人能够操作计算机。

5月，哈佛大学联合团队发表最新成果，可将脑中想象的"笔迹"转为屏幕文本，准确率超99%，而且受试者可以每分钟输入90个字符，这是使用脑机接口打字纪录的2倍多，接近同龄健全人每分钟115个字符的智能手机打字速度。该项技术还具有高准确度，其在线原始准确率为94.1%，离线自动校正的准确率超过99%。在该实验中，在受试者的左脑上放置了两个脑机接口芯片，每个芯片有100个电极，这些电极从运动皮层部分发射的神经元中提取信号，从而控制手部的运动。这些神经信号通过电线发送到计算机，在计算机上人工智能算法对信号进行解码，并推测预期的手和手指运动。该成果的重要突破在于其速度与健全的同龄人在智能手机上发短信的速度相媲美。斯坦福大学霍华德·休斯医学研究所表示，此次研究的最大创新是首次破译了手写笔记有关的大脑信号。

7月，美国神经血管生物电子医学公司"同步"（Synchron）项目获得了食品药品监督管理局（FDA）许可，可以将脑机接口芯片植入人体进行临床试验，开始对其大脑芯片进行人体临床试验，并计划在纽约西奈山医院开始一项早期可行性研究，该研究将检查其旗舰产品"支架"运动神经假体（该设备是迄今为止唯一不需要开脑手术的"侵入式"式脑机接口）在严重瘫痪患者中的安全性和有效性，该设备允许患者使用大脑数据，控制数字设备并实现独立性功能的改善。4月，美国圣路易斯华盛顿大学的初创公司神经疗法（Neurolutions）推出的 IpsiHand 上肢康复系统，也获得了 FDA 授予的市场授权，这款设备用于 18 岁及以上患者的中风后治疗方案，是第一个获得批准的"非侵入式"脑机接口设备。临床研究表明，所有患者在使用设备 12 周后，运动功能均有所改善。设备可在医生开具处方后在诊所或家中使用，神经疗法公司正准备将其推向市场。

3月，美国认知公司宣布推出 Cognixion ONE 产品，该产品是可以将思想转化为设备指令的脑机接口，是面向为有沟通障碍的残障人士专门打造的增强现实眼镜，能够满足绝大多数沟通障碍患者的需求。其工作原理与现有的脑机接口技术类似，依靠增强现实界面引导用户完成通信全过程。9月，美国克利夫兰诊所的研究人员开发出首个具备直观运动控制、触觉反馈、运动感觉三种重要功能的仿生手臂，该研究由 DARPA 和美国国立卫生研究院联合资助。这款手臂使用了脑机接口技术，能够通过佩戴者的意念控制。双向的脑机接口让这款仿生手臂能够发出大脑信号和传回机械装置信息。同月，德国奔驰公司展示了基于脑机接口技术的视觉（Vision）AVTR 概念车的进阶版本。该车基于视觉感知技术，汽车数字仪表板上有光点投射，用户需要将目光集中在这些特定光点区域，通过可穿戴电极的脑机接口设备连接到用户的后脑勺。经过短暂的校准后，车辆可以记录和测量大脑活动，因此当用户关注仪表板上的特定灯时，设备可以检测到并执行特定任务，实现意念控制驾车。

三、人机混合智能对未来军事发展的启示

人工智能必将加速军事变革进程，对部队编组、作战样式、装备体系和战斗力生成模式等都将带来根本变化，甚至将引发一场深刻的军事革命。

在情报分析方面，通常具有多样的业务目标、未知的分析结果、复杂的分析过程，因此既需要强大的系统分析能力对大数据进行理解与关联分析，同时需要交互式、灵活的分析结果可视化，供业务人员进行专业的业务判断并做出分析决策，实现人机智能混合协同处理。以大数据深度分析应用为主要抓手，通过对多元、异质大数据的关联融合，利用混合人机智能的分析过程，辅助用户从大数据中萃取关键情报，并进一步转化为可操作的决策指挥能力。

在作战攻防决策方面，为了提升作战效率与任务冗余性，降低资源的浪费，要求不同机种、不同功能的无人机相互协同合作完成不同类型和复杂程度的任务。如果把人的智慧与经验引入智能空战系统的攻防决策计算回路中，利用人对模糊、不确定问题分析与响应的优势，将高级认知机制与无人机智能决策紧密耦合，可使两者相互适应、协同工作，并最终成"1+1>2"的增强智能形态。因此，开展基于混合增强智能的无人机群多目标协同攻防决策技术研究，不仅能够推动混合增强智能技术的发展，也为未来全域战场环境下的智能决策提供了重要的参考。

在人机编队作战方面，无论是陆战、空战还是海战，特定装备的人机协同关系发生了根本的变革，由人机混合编组共同承担作战任务。由于大

量的无人系统在前沿局部自主交战，使得人在旁路调控成为主要攻防模式。人由在前方转为在后方、由体力变为智慧、由具体执行变为指挥控制。然而，其中涉及复杂的人机交互及相互关系问题，单纯的人工智能与人类智能都不能发挥最大效能，人机混合智能才是其重要的发展方向。

四、结束语

人与机器协同融合、互相取长补短，将形成新的"1＋1＞2"的人机混合增强型智能，推动人、机、环境融合的未来战争形态发展，未来战争将打破形式化的数学计算，打破传统思维的逻辑计算，演绎为智能化战争与智慧化战争。

（中国航天科工集团第三研究院三一〇所　刘都群　韩雨）

2021 年脑与认知技术发展动向

2021 年脑与认知研究与应用领域的进展，主要在认知神经科学、类脑仿生、脑功能图谱、类脑芯片等领域，此外，认知智能与自然之间的趋同演化现象日益明显，正在逐渐被科学验证。

一、认知神经科学为人工智能发展提供了新思路

9月，美国布朗大学研究实验室的 17 名成员组成的联合团队发布新一期《人工智能 100》报告。该报告评估了 2016—2021 年间人工智能的发展，涵盖 14 大问题，探讨了人工智能发展的关键领域。该报告认为：认知神经科学已经开始对各种传统的高层次智力技能进行了富有成效的研究。首先，认知神经科学的一个支柱是个人的属性，如工作记忆和执行控制是独立于领域的智力的核心，它支配着所有认知任务的表现，而不管其模式如何。其次，能力较高的人的特点是大脑连接模式更有效率。这两种观点都与主流观点相一致，即智力与顶额叶皮层中更高层次的脑区有关。最后，智力神经相关因素分布在整个大脑中。在这种观点中，人类智力的首要特征是

灵活性，是不断更新知识和产生预测能力，而智力是大脑动态产生预测由感官输入推论的能力；灵活性通过大脑的可塑性实现，其中改变的能力隐藏在神经连接中。

二、类脑仿生研究推动学界不断认知人类，促进高级认知实现

2021年，人脑解析与认知研究继续深化，多项成果为探寻个体智能、群体智能等机理与成因提供了可解释的依据，并展现出良好的应用前景。

10月，瑞士洛桑联邦理工学院医学图像处理实验室和神经假体研究中心，发布了一项新的研究成果，表明人类大脑同样具有独一无二的活动特征，即"大脑指纹"——同指纹识别一样，通过大脑"指纹"也能精准识别不同个体，只需要1分41秒就能获得人类大脑活动的"指纹"信息，这一信息最先出现在大脑视觉相关的感知区域，随着时间推移，也会出现在复杂认知相关的额叶皮层区域。该研究还证明，大脑独一无二的活动特征最先出现在眼球运动、视觉感知相关的感觉区域，随后出现在与复杂认知功能相关的额叶皮层区域。而阿尔茨海默病等神经退行性疾病患者随着疾病进展，大脑"指纹"特征似乎会逐渐消失。该成果可以用来监测筛查潜在神经退行性疾病患者、自闭症患者、中风患者，甚至成瘾的患者。

群居动物融入群体时，个体不仅需要协调自身行为，大脑也会嵌入群体中，和群体相互作用，涌现出社会智能。10月，法国巴黎大脑研究所对蝙蝠和恒河猴的两项最新研究发现，互动的蝙蝠和恒河猴群体在额叶皮层中表现出神经激活，驱动社会行为。该项群体动物神经科学研究说明，智能或许不仅取决于大脑神经元相互作用，也取决于大脑在群体中相互作用。我们需要在个体大脑和群体大脑两个层次之间穿梭，以全面理解社会智能。

该研究还展示了一群恒河猴如何从它们的交易互动中推导出经济规律，并在大脑中表征这些知识，以指导行动决策。

多项研究人脑视觉机制的工作取得关键进展。11月，美国达特茅斯学院最新研究证明关于熟悉面孔的独特信息被编码在一个在大脑中共享的"神经代码"中，关于个人熟悉面孔的共享信息延伸到大脑中涉及社交处理的区域，这表明大脑中存在共享的社交信息。该研究邀请14名相互认识至少有两年的研究生作为志愿者，并提取了他们在三项功能磁共振成像任务中所呈现的脑部数据。结果显示，大脑中主要参与面孔视觉处理的区域可以将"刚认识的"和"过往认识的"面孔的身份准确地解码。

同月，美国深思（DeepMind）公司发表最新成果，利用无监督深度学习揭示出大脑识别人脸的机制，证明了大脑会把面部特征分解成一些语义特征（如年龄、性别或是否在微笑等），而且是单个神经元对应某个具体特征。此外，该研究所构建的模型利用少量神经元信号就能还原出整个面部图像。该成果首次实现在单个神经元尺度上理解大脑视觉，并且打破了以往"单个神经元在很大程度上是不可解释的、有意义的信息存在于大量神经元的互动组合中"的认知。该研究也证明了，机器学习的最新见解可以反馈给神经科学，并推广到识别人脸之外的任务，特别是抽象推理或通用任务学习。

三、史上最强人类大脑"图谱"诞生

通过绘制完整的大脑神经网络的结构，以了解神经系统是如何工作的，是脑与认知科学领域一直奋斗的目标。近年来，国外研究团队在绘制脑功能与结构"图谱"方面持续取得突破，2021年完成了对史上最强人类大脑

"图谱"的绘制。虽然对于大脑功能结构的探索已经取得显著成绩，但是对于全面了解人脑构造与机理、全面揭示大脑中神经元的连接方式与活动等目标还相去甚远。

6月，美国谷歌公司和哈佛大学联合发布H01人脑成像数据集（人类脑组织渲染图），包含1.3亿个突触、数万个神经元，该数据集是迄今为止对大脑皮层成像和重建的最大样本，也是第一个大规模研究人类大脑皮层的"突触连接性"的样本，这种连接性跨越了大脑皮层中所有层面多种细胞类型。H01样本通过连续切片电子显微镜以4纳米分辨率成像，再通过自动计算技术重建和注释，最后看到初步的人类大脑皮层结构。该数据集包括覆盖大约1毫米^{3}的皮质组织，带有数万个神经元、数个神经重建元片段、1.3亿个带注释的突触、104个校对细胞以及许多其他亚细胞注释和结构。该研究旨在为研究人类大脑提供一种新的资源，并改进和扩展连接组学的基础技术。此外，为了支持H01数据集分析，谷歌公司为Neuroglancer软件（一个交互式基于网络的3D可视化界面，广泛应用于连接组学领域）赋予一些新特性，特别是支持数据集类型或其他属性搜索特定的神经元。

四、类脑芯片研究取得重要进展

人类大脑大约有100万亿个突触、860亿个神经元，突触被认为是人脑神经网络的"桥梁"，因为有了突触，才可以把神经元的电信号传递到下一神经元。2021年人类首次实现"大脑级"大规模突触模拟。8月，美国人工智能芯片公司"大脑"（Cerebras）宣布，世界首个"大脑级"人工智能集群，能够训练120万亿参数模型，击败人脑百万亿个突触。此前最大的人工智能硬件集群大约仅占人类大脑规模的1%，约1万亿个突触。"大脑"

系统由其第二代晶圆 WSE-2（有 2.6 万亿个晶体管和 85 万个人工智能优化内核）提供动力。当前最大的图形处理器只有 540 亿个晶体管，比 WSE-2 少 2.55 万亿个晶体管。除了利用到最大芯片，"大脑"还使用了计算和内存分解技术、内存弹性扩展技术、高性能通信技术、细粒度数据流技术等多项新技术，上述技术组合可轻松组建大脑规模的神经网络。

2021 年，对自然智能网络的"完整再现"领域取得突破性进展，有望使人们重新回归 20 世纪 80 年代提出的目标，再现大脑神经元结构，对大脑进行"逆向工程"。9 月，韩国三星公司和美国哈佛大学提出构建智能芯片的新方法，将大脑神经元的连接图完整地"复制粘贴"到 3D 神经形态芯片上，使类脑芯片有望进一步发展。所谓"复制"，就是通过纳米电极阵列复制大脑神经元的连接图；所谓"粘贴"，就是将连接图粘贴到固态存储器组成的高密度三维网络上。通过这种方式，研究人员希望打造出接近大脑具有独特计算特征的存储芯片，能够实现低功耗、轻松学习、适应环境，甚至自主和认知。该成果技术路线能够以最接近大脑本身神经元的方式实现对神经网络的构建，将给类脑芯片和神经网络构建提供新思路。人类大脑结构极其复杂，要想实现对人脑的"复制"和"粘贴"，理想的神经形态芯片需要大约 100 万亿个存储单元，还不包括支持这些存储单元和模拟芯片正常工作的代码。这一成果有助于打破神经形态工程、神经科学和半导体技术的界限。

近年来，寻找执行类似于大脑节能过程计算的新方法一直是类脑研究的主要目标，也是类脑芯片设计与研发的关键。大型自旋霍尔纳米振荡器（SHNO）阵列的同步，是一种极具吸引力的超快非常规计算方法，然而与阵列接口、调整其单个振荡器和提供内置存储器单元等面临重大难题。11 月，瑞典哥德堡大学和日本东北大学联合团队发布最新成果，创新应用

SHNO 的忆阻门控来解决这些难题,并证明了两个单独控制的忆阻器可将 4 个 SHNO 链调整为不同的同步状态。忆阻器门控是输入、调整和存储非常规计算模型的 SHNO 阵列状态的有效方法。该成果的重要突破是可在同一组件中将记忆功能(忆阻器是可编程电阻器,也可以执行计算并具有集成存储器)与计算功能(将振荡器描述为可以执行计算并且与人类神经细胞相当的振荡电路)结合起来,这些组件更像是大脑的节能神经网络,衍生出更像大脑的电脑。此外,类脑节能计算还可能推进自动驾驶汽车和无人机等领域进步与发展。

五、认知智能与自然之间正在发生趋同演化

10 月,美国开放人工智能(OpenAI)公司发布最新研究成果,该公司训练了一个基于 GPT－3 的系统,用于解决小学数学问题。在测试中,9~12 岁的小孩子得分为 60 分,而 OpenAI 的新系统在同样的问题上可以拿到 55 分,已经达到了人类小学生 90% 左右的水平。这项研究,为了让 GPT－3 学会逻辑推理,OpenAI 引入验证器模型,用于判断模型生成的解决方案是否正确,以从诸多候选方案中选择最佳方案。

该研究表明,GPT－3 模型驱动的认知智能正在与以人脑为核心之间发生趋同演化:人工神经网络并没有试图直接模仿大脑,而是为优化预测文本的特定功能而设计,人工智能与人脑的思考方式已达到异曲同工的效果。11 月,美国麻省理工学院认知神经科学团队的最新研究成果显示,GPT－3 和人类大脑处理语言的方式惊人相似,以 GPT－3 为代表语言模型的自动问答、文本摘要、故事续写等基本功能类似于人类大脑语言处理中心的功能,标志着认知智能的"类脑化"进程再次实现跃进。该研究核心在于将人脑

中的语言处理中心与语言处理模型进行比较,向 43 种语言模型输入与人类大脑相同的刺激,发现模型与人类大脑有很高的契合度。

六、结束语

2021 年,脑功能图谱、脑组织结构与运作机理等相关研究不断深入并取得丰硕成果。虽然仍面临诸多挑战,但是类脑仿生、类脑芯片、认知神经等相关研究,给构建神经网络提供新的思路,有助于进一步探明大脑的运作机理。

(中国航天科工集团第三研究院三一○所　武坤琳　韩雨)

2021年人工智能芯片技术发展动向

作为人工智能产业的核心，人工智能芯片发挥了关键的底层基础性作用，持续赋能千行百业。美国斯坦福大学在2021年最新发布的《斯坦福人工智能报告》显示，2018年，机器需要花6分20秒训练出最好的系统，但2020年机器通过专门的人工智能加速器芯片只花了47秒就能实现这个目标。

一、世界多国陆续出台人工智能芯片扶持政策

美国半导体和微电子领域的本土制造多年来在全球占比不断下滑，半导体占比已从1990年的37%降至目前的12%。4月，美国参议院商务委员会审议并高票通过了《无尽前沿法案》，该法案将在5年内为美国基础和先进技术研究提供超过1100亿美元的资金支持，用于包括人工智能、半导体/芯片在内的关键技术领域的基础和先进研究、商业化、教育和培训项目。6月，美国国会参议院通过《2021美国创新与竞争法案》，计划拨款约2500亿美元，其中520亿美元用于半导体、芯片领域，以及人工智能芯片生产、

军事以及其他关键行业的相关项目。美国商务部认为，这笔资金不仅事关解决当前的半导体芯片短缺，而是事关对半导体与人工智能芯片制造和研发的长期投资，以加强美国的经济安全和国家安全。5月，"美国半导体联盟"成立，成员包括苹果、谷歌、微软和英特尔，还包括三星、海力士以及光刻机巨头荷兰ASML等企业。

美国信息技术研究和分析公司高德纳（Gartner）最新的全球芯片业数据暴露了欧洲更是严重依赖美国和亚洲的关键技术。在全球十大芯片企业名单中，目前欧洲仅有荷兰恩智浦半导体上榜。2021年3月，欧盟发布《2030年数字指南针》规划，提出数字化转型最新目标：2030年前，瞄准2纳米制程节点，生产的先进人工智能芯片价值量占全球的20%。该规划表明，欧洲旨在发挥自身优势，成为全球人工智能芯片供应链的关键参与者。

二、全球主要科技巨头在人工智能芯片领域持续发力

随着智能技术在传统行业中渗透的不断深入，头部人工智能芯片企业开始构建面向差异化场景的软硬一体平台，实现底层芯片、编程框架、行业算法库、细分场景研发平台等全栈高效整合，试图培育多样化行业场景的计算生态，抢占细分市场。美国英伟达公司和英特尔公司分别是这两个领域的领导者。

美国英伟达公司2021年公告其新一代车载系统级人工智能芯片NVIDIA DRIVE Atlan将于2025年投入使用，为汽车带来真正的人工智能大脑与数据中心；自动驾驶汽车计算系统级人工智能芯片NVIDIA DRIVE Orin将于2022年投产。9月，英伟达公司表示将斥资400亿美元收购英国ARM公司（目前大多数智能手机都使用ARM公司设计的高性能且高能效的芯片），旨

在利用 ARM 公司的设计实力，设计供数据中心和人工智能应用使用的 CPU 人工智能芯片，与英伟达在 GPU 这一专用芯片上的既有优势形成互补。

4 月，英伟达最大竞争对手高德纳公司于推出最新的 Wafer Scale Engine 2（WSE-2）芯片，达到了破纪录的 2.6 万亿个晶体管、85 万颗人工智能内核、46225 毫米^2 面积，采用 7 纳米工艺制程。其上一代产品 WES-1 有 40 万个人工智能可编程内核和 1.2 万亿个晶体管，使用 16 纳米工艺制程。目前，该公司拥有世界最大的计算机芯片 WSE-2 和世界最快的人工智能计算机集群 CS-2。8 月，高德纳公司发布了世界上第一个大脑级人工智能解决方案，一个可以支持 120 万亿参数人工智能模型系统，击败了人脑万亿个突触。

5 月，美国谷歌公司发布了其第四代人工智能 TPU v4 人工智能芯片，其速度达到了 TPU v3 的 2.7 倍，通过整合 4096 个 TPU v4 芯片成一个 TPUv4 数据结构（Pod），一个数据结构性能就达到世界第一超算"富岳"的 2 倍，谷歌公司计划这些算力向谷歌云用户开放，未来还可能应用于量子计算。

8 月，美国英特尔公司正式发布首个性能混合架构处理器，内置下一代人工智能加速提升技术，用于学习推理和训练。其中，"能效核"微架构可提高吞吐量效率、提供可扩展多线程性能；"性能核"微架构可以突破低时延和单线程应用程序性能的限制。11 月，英特尔公司正式发售 Intel 第 12 代酷睿处理器 Alder Lake，该芯片首次将类似 ARM 的混合"大小核"架构应用于桌面 x86 电脑。该架构结合了较大的高性能内核与较小的高效内核，性能不仅超越自己上一代产品，而且还几乎全面超越 AMD 最强的消费级 CPU。

美国苹果公司持续在人工智能芯片下游生态链的细分领域、特定应用任务上发力。苹果公司目前正在加速其电动汽车的开发，最快2025年推出产品，其核心功能就是由人工智能芯片上的底层软件和人工智能算法来驱动。2021年11月，苹果公司硅工程部基本完成第一代苹果汽车所需的自动驾驶人工智能芯片研发，自动驾驶系统上也取得了关键技术突破。

美国特斯拉公司也是自动驾驶领域研发巨头。8月，该公司公布为Dojo超级计算机研发的D1人工智能芯片。Dojo超级计算机是通过网络结构连接的分布式计算架构，具有大型计算平面、极高带宽、低延迟、可扩展性极强等特点，主要被用于解决自动驾驶的问题。D1人工智能芯片采用7纳米制造工艺，其最大创新点在于所有区域都用于机器学习训练，其I/O带宽是网络芯片的2倍，处理能力达到每秒1024亿次。凭借这款人工智能芯片，特斯拉已经打造出了最快的人工智能训练计算机ExaPOD，其算力高达1.1 EFLOP，超过日本富士通等世界顶级超级计算机。

三、小制程人工智能芯片不断翻新，性能极限不断刷新

目前人工智能芯片的主流制程进展到5纳米和3纳米节点，晶片单位面积能容纳的电晶体数目，已逼近半导体主流材料硅的物理极限，晶片效能也无法再逐年显著提升。2021年，人工智能芯片科技巨头正在探索2纳米节点甚至1纳米节点。

5月，美国麻省理工学院联合团队合作研究发现二维材料结合半金属铋能达极低电阻，接近量子极限，有助于实现半导体1纳米以下制程挑战。这个重大突破先由麻省理工学院发现在二维材料上搭配半金属铋的电极，能大幅降低电阻并提高传输电流；进而将铋沉积制程进行优化，最后运用氦离子束微影系统将元件通道成功缩小至纳米尺寸，终于获得突破性的研究

成果。研究成果未来可望投入人工智能、电动车、疾病预测等新兴科技应用。

5月，美国IBM公司宣布研发出了世界首个2纳米人工智能芯片，相当于在指甲大小的芯片上容纳多达500亿个晶体管，比目前主流的7纳米芯片快45%、功耗减少75%。这种新的2纳米处理器采用了三层环绕栅极晶体管（Gate–All–Around，GAA）工艺设计。该2纳米人工智能芯片成果有助于减少数据中心的碳足迹，加快自动驾驶汽车等自主车辆的物体检测和反应时间。另外，这项技术将使数据中心的人工智能、电源效率、太空探索、5G、6G以及量子计算等领域受益。

四、人工智能与芯片深度耦合是未来发展趋势

6月，美国加州大学圣迭戈分校研究证明，经过训练的人工智能/机器学习系统在芯片设计上的表现超过人类。人工智能芯片设计的成败在很大程度上取决于布局规划和元件放置的步骤，而人工智能相关工具可用于加速布局规划的流程。该研究团队将人工智能芯片的布局规划部分设计为一个强化学习问题，开发了可完成芯片设计的深度神经网络，即训练一个强化学习智能体，这个智能体会把布局规划看作一个棋盘游戏：元件是"棋子"，放置元件的画布是"棋盘"，"获胜结果"则是根据一系列评估指标评出的最优性能。结果显示，这种方法能够在6小时内设计出与人类专家不相上下甚至更好的可行人工智能芯片布局。当前，越来越多的人工智能公司，如新思科技、谷歌、英伟达、楷登电子等公司均开始探索使用人工智能来设计芯片。

五、结束语

人工智能芯片是全球各国争相抢占的科技"高地"。2021 年人工智能芯片的发展，显示其种类日趋多元，目前正在研究的有类脑芯片、可重构人工智能芯片等；随着人工智能技术的发展，正不断加速芯片产业的成长与多元化发展。

（中国航天科工集团第三研究院三一〇所　张灿　韩雨）

2021年深度学习技术发展动向

2021年,随着深度学习驱动的人工智能在多个领域不断应用落地,多样化的需求牵引深度学习朝着通用性方向发展,受高质量、大体量标注数据成本过高限制,小样本学习、迁移学习、强化学习等逐渐成为研究热点,相关研究不断取得突破性进展。

一、面向小数据、小样本的深度学习关键技术获得突破

小数据、小样本是一种只需少量数据集就能进行训练的人工智能方法,适用于数据量少或没有标记数据可用的情况,减少对人们收集大量现实数据集的依赖、降低生产大体量标注数据的成本。

9月,美国网络安全和新兴技术局发布《小数据人工智能的巨大潜力》研究报告指出,长期被忽略的小数据人工智能潜力不可估量,制定规则如果过分依赖巨体量(标注)数据、认为数据是"必不可少"的战略资源、秉持"获取数据量决定国家的人工智能进展"的观念,就会使深度学习研究"误入歧途"。介于当下大环境过分强调大数据却忽略了小数据、小样本深度学习和人工智能的存在，低估了深度学习和人工智能并不一定需要大量标记数据集。该研究从四个方面论述小数据、小样本深度学习的重要性。

一是能够缩短大小实体间人工智能能力差距。人工智能应用程序的大型数据集价值在不断增长，不同机构收集、存储和处理数据的能力差异令人担忧。人工智能的"富人"（如大型科技公司）和"穷人"之间也因此拉开差距。如果迁移学习、自动标记、贝叶斯方法等能够在少量数据的情况下应用于人工智能，那么小型实体进入人工智能市场时所面对的数据方面的壁垒会大幅降低，这可以缩减大、小实体之间的能力差距。

二是能够减少个人数据的收集。人工智能的应用正在吞并个人隐私空间，例如大型科技公司愈发加快收集与个人身份相关的消费者数据来训练其深度学习算法的步伐。某些小数据方法能够减少收集个人数据的行为，人工生成新数据（如合成数据的生成）或使用模拟训练算法的方法，一方面不依赖于个人生成的数据，另一方面则具有合成数据去除敏感的个人身份属性的能力。虽然不能将所有隐私担忧都解决，但通过减少收集大规模真实数据的需要，让使用深度学习变得更简单，从而让人们对大规模收集、使用或披露消费者数据不再担忧。

三是促进数据匮乏领域的发展。可用数据的爆炸式增长推动了人工智能的新发展。但对于许多亟待解决的问题，可以输入深度学习模型或者人工智能系统的数据却很少或者根本不存在。例如，为没有电子健康记录的人构建预测疾病风险的算法、预测活火山突然喷发的可能性等。在这种情况下，小数据方法以提供原则性的方式来处理数据缺失或匮乏，可以利用标记数据和未标记数据，将在富数据任务上的模型迁移和应用到的数据匮乏任务上。小数据也可以用少量数据创建更多数据，凭借关联领域先验知识或通过构建模拟及编码结构假设，在数据匮乏任务上开展应用。

四是在一定程度上缓解"脏数据"问题。小数据方法让受"脏数据"困扰的深度学习科研与应用受益。数据是一直存在的，但想要它干净、结构整齐且便于分析，还有很长的路要走，需要耗费大量人力物力进行数据清理、标记和整理才能够清洗这些数据。小数据方法中数据标记法，可以通过自动生成标签更轻松地处理大量未标记的数据；迁移学习、贝叶斯方法或人工数据方法可以减少需要清理的数据量，分别依据相关数据集、结构化模型和合成数据等来显著降低"脏数据"的负面影响。

二、量子计算与深度学习深入融合趋势明显

量子计算机强大的存储与计算能力，使其拥有巨大潜能打破深度学习神经网络在传统计算平台上的存储性能瓶颈。研究人员能够根据量子计算机提供的基本计算单元（即量子逻辑门）进行量子线路设计，以实现神经网络的计算。

3月，美国乔治·梅森大学提出了世界上第一个神经网络/量子计算协同设计框架量子流（Quantum Flow）。该框架首次展示了通过协同优化深度神经网络结构与量子线路设计，与传统计算机相比获得指数级加速。10月，开源了量子流量子神经网络编程框架，量子流神经网络（Quantum Flow Neural Network，QFNN）。QFNN以机器学习库Pytorch和IBM公司的Qiskit工具包为基础，为实现神经网络在量子电路进行训练和推理提供了基础函数支撑。研究人员可以通过简单调用少数函数，构建可以在IBM量子计算机上进行部署的、针对神经网络推理的量子电路。此外，QFNN还提供了量子神经网络电路相对应的经典计算模拟，可以用于验证量子神经网络的正

确性以及辅助量子计算机进行模型训练。11月，世界第一个感知噪声的量子神经网络训练器QF–RobustNN、基于不同量子神经元设计的量子神经网络结构设计器QF–Mixer相继面世。至此，世界上第一个开源量子神经网络设计栈横空出世，为量子神经网络应用提供了坚实基础。

三、巨体量语言模型参数暴增，基础设施庞大、昂贵

自然语言处理模型Transformer问世以来，在自然语言处理、计算机视觉等不同领域均取得最佳性能。1月，美国谷歌公司推出拥有1.6万亿个参数的Switch Transformers模型；10月，微软和英伟达联合推出的另一个巨无霸模型MT–NLG，该模型同样基于Transformer，参数更是达到了5300亿个。

MT–NLG模型在庞大的文本数据集上训练一个5300亿个参数模型，无疑需要庞大的基础设施。微软和英伟达使用数百台DGX–A100的GPU（图形处理器）服务器，每台售价高达19.9万美元，再加上网络设备、主机等成本，意味着要重复这个实验必须花费大约1亿美元。在GPU上训练深度学习模型是一项十分费力的事情。据英伟达服务器参数表显示，每台英伟达DGX A100服务器最高能耗为6.5千瓦，服务器（或数据中心）至少需要同样多的散热设备。用GPU训练3.4亿个参数，其碳足迹大致相当于进行一次横跨美国的飞行。如果深度学习沿着"模型巨大化"的路走下去，路可能会越走越窄；对于世界绝大多数科技公司和科研机构，这种巨体量模型是不可接受也无法实现。

构建高质量深度学习方案急需可操作性更高的技术，可能包括：一是小模型。现在的深度学习模型越来越小，也已经成为深度学习发展的趋势之一，其优势在于做预测的速度更快、训练和推理所需要的硬件资源也更

少。2021 年，美国 Google 研究团队提出两个代表性模型 EfficientNetV2 和 CoAtNet，模型体量减小到七分之一、训练速度提升 10 倍、性能达到最优。二是微调模型。如果需要在高度专门化领域使用模型，研究证明无须从头开始训练模型，应该对模型进行微调，基于迁移学习思维，将在其他任务上已经训练好的模型在目标任务微调参数。三是云基础设施。研究表明，基于云的基础设施能效更高、碳足迹更浅。四是优化模型。对深度学习模型进行优化是一项极其复杂的任务，涉及硬件、剪枝、融合、合并模型层、量化等技术和条件。11 月，美国谷歌公司、美国开放式人工智能公司、华沙大学联合团队提出了新的用于语言建模的高效 Transformer 架构 Hourglass。Hourglass 可用于任何注意力类型，为未来处理更长序列 Transformer 相关研究开辟了诸多方向。

四、强化学习具备一定的解决复杂问题的通用智能

强化学习不要求预先给定任何数据，而是通过接收环境对动作的反馈获得学习信息并更新模型参数。研究证明，一些复杂的强化学习算法在一定程度上具备解决复杂问题的通用智能。美国脸书、谷歌、深思、亚马逊、微软等公司均在投入大量的精力和财力来推动强化学习领域的创新。其中，深思公司处于全球强化学习领域的领导地位。

在复杂游戏领域，8 月，美国深思公司发布在不需要人类交互数据的情况下，训练能够玩不同游戏的智能体最新成果。深思研究人员创建了一个巨大的游戏环境 XLand，包含数十亿个任务，跨越不同的游戏、世界和玩家。从简单到复杂的游戏，人工智能智能体在学习过程中不断完善训练任务。

在蛋白质结构预测领域，7月，美国深思公司公布了2020年12月一经问世就引发巨大轰动的强化学习模型AlphaFold2。AlphaFold2真正解决了早在1972年提出蛋白质折叠的问题。同期，美国华盛顿大学等发布媲美AlphaFold2的新工具RoseTTAFold。深思还发布了AlphaFold数据集。AlphaFold、AlphaFold2和RoseTTAFold等强化学习模型的问世，打开了蛋白质预测新世界的大门。

10月，美国得州大学和华盛顿大学领衔的国际团队，将基于深度学习的蛋白质预测方法引入蛋白质复合体研究，通过将AlphaFold和RoseTTAFold这两个人工智能模型相融合，首次确定了超过100种"疑似"全新蛋白质复合体，并为以前700多种未知蛋白质复合体提供了3D结构预测。人工智能不仅实现了预测蛋白质单体，还成功预测蛋白质之间的相互作用。该成果被认为是结构生物学新时代的一个重大进展，证明了计算机将在结构生物学中起到根本性的作用，最终可能有助于开发人类疾病的新疗法。

除了算法上取得的进步，最重要的进展还包括对深度强化学习智能体的训练速度及吞吐量的巨大改进。11月，新加坡海洋人工智能实验室（Sea AI Lab，SAIL）团队公开了一个高度并行的强化学习环境引擎解决方案EnvPool，着眼简化方便社区开发人员接入不同游戏或强化学习训练环境。

五、结束语

深度学习系统的性能通常通过拥有更多的数据和更多的计算获得显著提高。现在诸多研究和应用正在为扩大规模付出巨大的努力，但深度学习当前存在一些根本性缺陷，无法仅仅通过扩大规模来克服，需要经过深思熟虑步骤序列、更接近人类认知进行改进。

（中国电子科技集团电子科学研究院　王亚坤）
（中国航天科工集团第三研究院三一〇所　韩雨）

2021年元宇宙发展动向

2021年被称为"元宇宙元年"。2021年10月,脸书改名"元宇宙"(Meta),投资1000亿美元押注元宇宙,拉开了进军元宇宙的大幕。到2024年,元宇宙市场规模可望达到8000亿美元。

一、元宇宙的概念内涵

元宇宙概念源自美国科幻作家尼尔·斯蒂芬森1992年的著作《雪崩》,每个用户都有一个自己的替身,而且用户也可以自己定义替身形象。

元宇宙被看作是移动互联网的"继任者",是一种全新的、以虚拟现实为主的新兴计算平台。从信息传递角度,元宇宙将使得人类从传递图文信息、传递视频信息进化到传递物理信息,实现在虚拟空间传递现实的互动行为。元宇宙是集成了网络通信、扩展现实、数字孪生、区块链、人工智能等多种新技术而产生的新型虚实相融的互联网应用,拥有完整的经济逻辑、数据、物体、内容,是一个永续在线、不断被刷新的实时数字世界,并且允许每个用户创作内容和描绘世界。实现全人工智能自动化内容创作是元宇宙需要突破的核心技术。元宇宙是内容创作的最高阶,丰富的内容近乎无限,人工智能将驱动的虚拟世界,可以实现自由探索,人工智能够填补世界,真正实现宇宙无边际体验。

当前,元宇宙的发展处于探索与基础设施大发展早期阶段,物联网技术将为元宇宙万物链接及虚实共生提供可靠技术保障,人工智能技术将为元宇宙大量的应用场景提供技术支撑,网络及运算技术将为元宇宙网络通信提供基础支撑,区块链技术将为元宇宙经济体系提供技术支撑,交互技术将为元宇宙用户提供沉浸式虚拟现实体验,电子游戏技术将为元宇宙提供创作平台、交互内容和社交场景并实现流量聚合。

二、美国脸书公司更名为元宇宙,全力构建元宇宙

从 2018 年开始,美国脸书公司抛出元宇宙概念,讨论开发虚拟现实市场的必要性,阐述了构建虚拟世界战略,推动了脸书在元宇宙方向的并购和转型。2021 年,脸书完成了多项重量级并购,5 月,收购虚拟现实游戏开发商 Downpour Interactive,6 月收购吃鸡游戏开发商 BigBox VR,使旗下顶级虚拟现实游戏工作室数量增加到了 5 家。9 月,脸书公司宣布投资 5000万美元成立扩展现实计划和研究基金,探索和研究元宇宙生态规则。规划周期 2 年,主要是通过与行业伙伴、民权组织、政府、非营利组织、学术机构建立合作,思考元宇宙中存在的问题和机会。

10 月,美国脸书公司宣布正式更名为元宇宙,同时发布了多项增强现实/虚拟现实(AR/VR)的新产品和新服务,反映元宇宙带来的机会,拉开了元宇宙新纪元,开启了社交网络"下一篇章"。元宇宙公司旨在建立一个能让人们能够在 3D 中玩耍和联系的地方——元宇宙,初期定位实现"在线

互联"概念,帮助用户共享软件、游戏和彼此的体验;在元宇宙生态愿景,软件应用场景覆盖了办公、游戏、交易、居家、社交、教育、健身7大领域。10月,元宇宙公司宣布未来将以应用程序系列(family of apps)和脸书现实实验室(Facebook Reality Labs,FRL)两类业务的形式公布业绩,其中,FRL包括增强现实/虚拟现实硬件、软件和内容。当前元宇宙公司已投入巨资,打造数字化身居住的共享在线空间的"新现实",项目从虚拟现实眼镜到电子商务平台。9月,元宇宙公司宣布将投资5000万美元与相关机构合作,还计划在未来5年内在欧盟雇佣1万名员工,帮助建立其元宇宙;10月,元宇宙公司宣布,2021年,在FRL领域投资100亿美元,未来将投入更多资金,计划未来十年,将覆盖10亿人口,举办数千亿美元的数字商务,为数百万创作者和开发者提供就业支持。

脸书与元宇宙相关产品不断公开。不仅打造了第二代虚拟现实设备——"眼睛的追求"2,同时也正式上线了其虚拟现实社交平台脸书地平线(支持用户以"数字人"替身进行线上虚拟现实会议)。当前,元宇宙公司有1/5人力投入增强现实/虚拟现实业务。11月,元宇宙公司首次展示了秘密研发了7年的项目"气动触觉手套",这种手套可以通过气囊让用户体验到抓取虚拟物体时的真实触感。元宇宙公司计划用这款手套和其他可穿戴技术,让用户在虚拟现实和增强现实中实现互动走向未来。在硬件入口、底层技术、人工智能,以及内容的"元宇宙"四大核心组件上,元宇宙公司一直着力布局。元宇宙公司在更名后不久,便收购了虚拟现实健身应用工作室"内部";此外,脸书还进行一系列更新,包括地平线世界、地平线家园、地平线工作室、信使虚拟现实和健身虚拟现实,用户可以在这些平台上创建虚拟世界、会议室和自己设计的家庭空间。元宇宙公司通过底层技术研发开发工具,发展社区,联手创作者共同构建元宇宙愿景。10月,发布"存在"平台，具有多种基于增强现实功能，包括透视增强现实、空间锚点、场景理解、模块化手势和自定义工具及语音交互功能，能够与"眼睛平台"SDK 高度互通，实现开发时的增强现实与虚拟现实自然交互。

除了技术与产品的积累，元宇宙公司构建元宇宙的另一大优势在于全球可以深度参与和沉浸元宇宙的用户体量。元宇宙公司在其在社交网络平台脸书和图片分享上有数十亿的日常用户，如此大规模用户体量可以有效支撑其实现元宇宙公司的元宇宙野心。

三、世界科技巨头纷纷布局和跟进元宇宙，竞争加剧

微软等科技巨头奋力追逐互相联系的虚拟世界。紧随元宇宙公司，9 月，美国微软公司宣布了首个全球企业元宇宙解决方案，企业元宇宙是为了融合数字世界和物理世界而创建出来的基础设施堆栈新层，融汇了物联网、数字孪生和混合现实。11 月，在微软点燃 IT 专业会议上，微软正式宣布全面进军元宇宙。微软最新发布的新产品表明，公司正在调整其标志性软件产品，以创建一个更加企业版的元宇宙。微软计划将旗下"微软团队"变成"元宇宙"，把微软团队加入微软混合现实会议平台"网格"，网格平台于 3 月推出，旨在打造能让人们通过增强现实/虚拟现实技术进行远程协作应用，目前在全球拥有 2.5 亿用户，日活跃用户可达 1300 万户，该产品是具有数字虚拟形象功能的微软团队聊天和会议应用版本，目前正在测试中，计划于 2022 年上半年推出。用户将能在虚拟世界分享办公文件和其他功能（包括 PPT 幻灯片等）；"团队网格"可以预建一系列的沉浸式空间，支持会议和社交活动等各种环境。此外，作为目前全球三大游戏机制造商之一，微软目前推出的诸多游戏，本身就是一个元宇宙。例如，微软《模

拟飞行》游戏，堪称史上最逼真、包含对象最广泛的飞行模拟游戏，游戏中包括 2 万亿棵树木、15 亿座建筑物，以及全球几乎所有道路、山脉、城市和机场，所有这些看起来都像"真实的东西"，被公认为是目前能真正玩到的游戏中，与"元宇宙"最接近的。此外，微软计划将其 Xbox 游戏平台纳入"元宇宙"。

11 月，美国英伟达公司发布全球首个元宇宙平台，人工智能"英伟达宇宙阿凡达"平台（NVIDIA Omniverse Avatar），并对其宇宙平台进行了重大更新，进一步坚定了"进军元宇宙"的决心。Omniverse 平台主要由核、连接、配套原件、仿真、RTX 渲染器 5 个关键部分组成，这些组件与第三方数字内容创建工具以及附加的 Omniverse 微服务一起构成了完整的 Omniverse 生态系统，专为虚拟协作和实时逼真模拟而构建。宇宙已在多个领域实现应用，有望为元宇宙提供底层服务架构。8 月，英伟达宣布 Omnivers 将通过与 Blender 和 Adobe 集成，实现大规模扩展，并将向数百万新用户开放。

美国谷歌公司孵化的独立游戏公司 Niantic 与脸书打造的沉浸式虚实融合元宇宙路线不同，其目标是打造一个基于真实场景的增强现实"元宇宙"。元宇宙概念自诞生之日起，就有增强现实路线和虚拟现实路线之争。11 月，Niantic 同样以"元宇宙"命名其应用生态系统，发布 Lightship 增强现实开发工具包，辅助开发真实场景下的增强现实"元宇宙"，并计划提供 2000 万美元开发增强现实应用程序，希望借此加速使用 Lightship 平台的增强现实应用和体验的发展，最终目标是将全世界都"数字化"。该工具包使用计算机视觉技术来识别地面、天空、水、建筑物等对象，将房间、地形进行数字化。从本质上来讲，增强现实/虚拟现实都是虚拟的技术，它们的根本区别在于是否与真实世界建立联系。

四、结束语

元宇宙不仅是增强现实/虚拟现实，更是 2030 年之后人类的生活方式、"数字化"生存方式。未来，元宇宙将更加深远地影响人类社会、重塑数字经济体系。元宇宙联通现实世界和虚拟世界，是人类数字化生存迁移的载体，提升体验和效果、延展人的创造力和更多可能。数字世界将从物理世界复制和模拟，逐渐变为物理世界的延伸和拓展，数字资产的生产和消费、数字孪生的推演和优化，也将显著反作用于物理世界。

（中国电子科技集团电子科学研究院　王亚珅）
（中国航天科工集团第三研究院三一〇所　韩雨）

美军"远射"项目推进有人机－无人机－导弹新型作战方式

2021年2月8日,美国国防高级研究计划局(DARPA)与3家公司签订"远射"(LongShot)项目第一阶段合同。该项目的启动预示着美国将进一步推进有人机－无人机－导弹新型作战方式,提升对重兵防守目标的攻击,改善有人机的实用性。

一、项目概况

(一)基本情况

"远射"项目旨在开发和验证一款可发射空空导弹的无人机,该无人机既可外挂于现役战斗机,也可内挂于轰炸机。有人机在敌防区外发射"远射"无人机,无人机突入防区发射空空导弹,以增加交战范围、提升武器效能、提高任务效率、降低有人机风险,来对抗敌方空中威胁。该项目还将探索多模式、多杀伤系统的全新交战概念,如图1所示。

"远射"项目最快2024年开展飞行试验。该项目分3个阶段实施:第一个阶段 12 个月,主要对初步设计进行审查;第二个阶段 9 个月,对关键设计开展审查,为降低风险进行一些测试;第三个阶段 21 个月,选择一家承包商设计方案,开展制造和试飞试验。

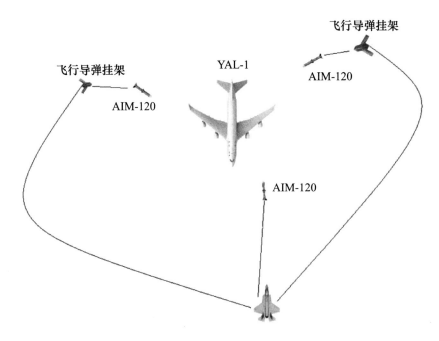

图 1 导弹飞行挂架示意图

(二)应用设想

"远射"项目无人机,借助更低速、更高燃油效率的飞行器(如战斗机或轰炸机)抵近战场,通过发射自身携带的空空导弹,实现对空打击。这种作战方式显著提高了武器系统的效能,具体有以下优势:一是相比传统作战方式,武器系统射程显著增加,如空空导弹通过"远射"无人机运载至交战区域,其射程显著增加;二是空空导弹在更接近敌方目标时被发射,可增加末段飞行能力,减少敌方反应时间,并提高命中概率。此外,"远射"无人机突入威胁区域发射空空导弹,可显著提升有人平台的生存能力。

二、关键技术与项目进展

（一）技术难点

"远射"无人机尺寸及其发射导弹将是工程实现的主要挑战。"远射"无人机受限于有人机挂载质量，其可能在1361千克左右，因为这大约是战斗机挂点或B-1B/B-52H弹舱可携带武器的最大质量。这将是DARPA及承包商面临工程实现上的挑战，即如何使现有的小型导弹适应"远射"无人机，并由其携带部署。目前，DARPA没有明确表示是否希望"远射"无人机装在旋转发射装置内。这将使"远射"无人机外形尺寸与现已退役的AGM-86C/D常规巡航导弹（弹长6.3米，直径为62.2厘米，射程为2414千米，空射）类似。在弹舱内携带"远射"无人机还需要一个耗时的认证过程。同时，让一个较小无人机装满较小的导弹也是一项挑战，需要构建机制来部署导弹。同时由于无人机内部的导弹间的距离会比较近，无人机需要合适方式发射导弹。此外，导弹发射后需要可控。如导弹在高对抗环境下打击移动目标，导弹需能被指控中心引导。

总体上，"远射"项目将是高度可行的项目。DARPA没有明确说明"远射"无人机的射程，推测有人轰炸机或战斗机在距离目标约3129千米处发射"远射"无人机。"远射"无人机飞行至2414~2897千米发射导弹。导弹飞行322~805千米后抵达目标。工程上需要给予"远射"无人机传递数据的能力，以及足够的射程，以确保其在作战上有用。

（二）主要进展

"远射"项目最早在DARPA 2021财年预算申请文件中被披露，其在2021财年的预算为2200万美元，计划如下：一是启动无人机概念设计，并进行作战分析,以展示设计方法的任务效果;二是对演示系统进行系统需求评审;三是完成演示系统的初步设计并进行评审;四是开展风险降低研究以支持设计活动;五是进一步作战分析,以展示设计方法的任务效果。2022财年DARPA预算显示,其2021财年经费2400万元,2022财年为3600万美元。

2021年2月8日,DARPA分别授予诺斯罗普·格鲁曼公司、通用原子航空系统公司、洛克希德·马丁公司三家公司"远射"项目第一阶段初步设计合同,并展示相关概念图,如图2所示。图中展示无人机采用折叠机翼(可向后折入机体内)和1台吸气式发动机,其从机腹发射的空空导弹类似美国空军研究实验室的"小型先进能力导弹"(SACM)概念方案。此外,DARPA透露项目后期将进行"远射"无人机全尺寸的飞行演示,验证"远射"无人机对武器发射前、中、后的控制。

图2 DARPA发布的"远射"项目的概念图

2021年2月10日,诺斯罗普·格鲁曼公司发布"远射"无人机概念图,旨在开发增加武器射程和效果的先进空空导弹交战概念,如图3所示。

诺斯罗普·格鲁曼公司将把数字工程技术与先进武器、自主系统和打击平台方面的广泛知识结合，为"远射"项目提供先进的解决方案。

图 3　诺斯罗普·格鲁曼公司发布"远射"无人机概念图

三、几点认识

首先，"远射"项目在现有"忠诚僚机"相关项目的基础上发展起来，扩大了作战任务能力。XQ-58A"女武神"无人机和"空中力量编组系统"（ATS）重点发展空地作战能力，而"远射"无人机重点发展空空作战能力。无人机与有人机协同，将使无人机成为力量倍增器，同时扩大传感器探测范围，提升空空武器能力。

其次，美军的"空战演进""空中博格人"等项目将使"远射"无人机更智能、更易于被信任。"空战演进"项目旨在发展空中近距离格斗的自主能力，提高作战人员对自主化作战的信任。"空中博格人"项目将研发基于人工智能算法的自主控制系统。两个项目的相关研究成果若用于"远射"无人机，将大大提高其智能水平及被信任程度。

最后,"远射"项目下发展的作战方式将显著降低作战成本。有人机-无人机导弹为现有机队在高对抗环境下发挥作用提供了一种手段。前期启动的类似"飞行导弹挂架"项目为降低开发和生产成本,已重点探索先进制造和快速原型概念。该项目的成果用于"远射"无人机将有效降低开发和生产成本。同时,若"远射"无人机可消耗,与发展下一代战机相比,作战成本将显著降低。

(中国航天科工集团第三研究院三一〇所 李磊)

马赛克战智能决策技术项目发展分析

2021年1月,美国国防高级研究计划局(DARPA)战略技术办公室主任蒂姆·格雷森表示,人工智能是马赛克战的关键技术,其在马赛克战中的主要作用是支持实现人机共生,即人类与人工智能分工合作。近年来,DARPA围绕作战计划、复杂问题等方面,布局多个智能决策技术项目,力图借助人工智能在瞬息万变的武装冲突战场权衡最佳计划、在动态复杂的非常规战战场快速准确应变。相关项目的成熟与应用,将有力支撑马赛克战的智能化构想。

一、项目进展

(一)作战计划领域

马赛克战追求杀伤网,而非杀伤链,将创建拥有冗余节点的自适应跨域杀伤网。马赛克战的冗余节点,将导致作战体系复杂性显著增加,使传统以参谋人员为中心的作战计划方法难以适应。DARPA重点布局"分布式战斗管理""对抗环境弹性同步规划与评估""自适应跨域杀伤网""权杖"

等项目，引入人工智能辅助制定作战计划。

1. "分布式战斗管理"项目

2014年2月，DARPA启动"分布式战斗管理"项目，旨在开发并演示验证决策辅助软件工具，协助空战管理人员和飞行员管理战术边缘的空对空、空对地作战。该项目开发的软件工具将集成到机载系统，提供分布式自适应规划与控制能力以及态势理解能力，如管理复杂受控系统、预测威胁规模、感知友军飞机消耗等。

该项目包含两个技术领域：一是系统集成。要求形成能够管理作战的集成分布式战斗管理能力，并在仿真与实况条件下演示验证相关能力。二是技术开发。要求开发分布式自适应规划与控制、分布式态势理解等算法。

该项目已于2019财年结束，开发出战斗管理算法、分布式指挥体系架构，可支持形成高度自动化的决策能力，成果已经转移给美国空军。

2. "对抗环境弹性同步规划与评估"项目

2015年1月，DARPA启动"对抗环境弹性同步规划与评估"项目，旨在开发以人为中心的决策辅助软件工具。该项目开发的软件工具能够在通信中段且高度不确定性情况下实现协同；能够协助位于异构指挥控制节点的作战人员管理指挥控制复杂性；能够优化人类与机器之间的关系。

该项目包含3个技术领域：一是可扩展自动规划，支持空战作战计划人员管理多达1000个不同平台；二是分布式协同，支持分布式指挥控制单元生成协同计划；三是以人为中心的自动化，使人类提供深刻洞察力与创造力，而机器跟踪细节并快速比较方案。

该项目已于2020财年结束，开发出决策辅助工具，可实现跨指挥控制层级规划、人机混合规划、行动方案制定与评估，成果已经转移给美国空军和海军。

3. "自适应跨域杀伤网"项目

2018 年 7 月,DARPA 启动"自适应跨域杀伤网"项目,旨在开发决策辅助软件工具,以辅助军事决策者快速识别并选择跨域资产来遂行作战任务。该项目开发的软件工具可确定作战资产能力、分析海量作战方案、根据人类指挥官决策分配作战任务,实现以机器的速度提升作战能力。

该项目需要解决的关键技术包括:一是跨域资产能力表示技术,使供需双方能够表示能力需求,以快速确定满足作战需求的潜在解决方案;二是杀伤链动态规划技术,权衡众多跨域资产的能力优劣势,结合战场态势,动态规划最优杀伤链方案;三是作战方案分发技术,将作战方案分发给指定作战资产。

2020 年 8 月至 9 月,美国空军"先进战斗管理系统"第二次演习期间成功演示验证该项目"跨域杀伤网实时推理分析"软件。此外,"多域自适应请求服务"软件已完成第一阶段演示验证工作。

4. "权杖"项目

2021 年 12 月,DARPA 发布提案者日公告,宣布将举行"权杖"(又称"用于弹性计划、战术与实验的战略混沌引擎")项目提案者日活动。该项目旨在以机器速度探索复杂战场空间,发现新型突然性行动方案,为战役级战争制定机器辅助生成的战略计划。

(二)复杂问题领域

2019 年 6 月,美国参联会发布联合条令注释 1-19《竞争连续体》,将世界描述为合作、低于武装冲突的竞争、武装冲突等混合的竞争连续体。其中,低于武装冲突的竞争较为间接,涉及政治、经济、外交、文化等方面行动,复杂且混乱。DARPA 重点启动"世界建模器""指南针""影响力行动感知与利用"等项目,支撑联合部队快速感知、准确决策,赢得低于武装冲突的竞争（即非常规战）。

1. "世界建模器"项目

2017年3月，DARPA启动"世界建模器"项目，寻求开发相关技术，以支持分析人员快速建立模型，来分析未来1～5年的世界安全问题，包括粮食问题、移民问题、冲突或战乱问题等。该项目开发的技术，将针对具体问题获得全面性、针对性、因果性、定量性、概率性和及时性的分析，进而提出避免危机的具体行动。

该项目包含5个技术领域：一是基于线上资源建立定性模型，机器辅助构建分析图；二是用于集成定量模型的工作流编译器，定性与定量分析的机器辅助融合；三是确定模型参数，机器辅助搜寻数据并转化为目标参数代理；四是从场景到行动，开发人类规定场景的接口，机器辅助提出建议及测试干预措施；五是不确定性报告，机器辅助确定不确定性来源，并尝试降低不确定性。目前该项目正在开展研发工作。

2. "指南针"项目

2018年4月，DARPA启动"指南针"（又称"借助收集与监视实现主动态势感知"）项目。该项目旨在开发决策辅助工具，利用先进人工智能等技术，协助联合特遣部队指挥官开展探查行动，以理解对手开展欺骗性、隐蔽性"灰色地带"活动的意图与战术，增强美军的"灰色地带"行动。

该项目包含3个技术领域：一是发现"灰色地带"行为体目标、战略等意图的决策辅助；二是估计行为体、关系、时间等对手行动细节的决策辅助；三是集成决策辅助工具的架构，支持作战人员评估决策空间、建议探查行动、监视进度等。2019年12月，美军印太司令部对"指南针"项目样机进行了测试。

3. "影响力行动感知与利用"项目

2020年10月,DARPA启动"影响力行动感知与利用"项目,旨在开发支持分析人员探测、表征并跟踪地缘政治影响力行动的技术与工具。该项目将支持美国鉴别通过在线多媒体传递影响力的虚假信息和真实信息,在复杂信息环境占据优势。

该项目包含5个技术领域:一是影响力标志探测,识别在线信息的影响力标志;二是人群响应表征,以心理学、人口统计学等属性,表征针对特定影响力信息产生相关响应的人群;三是影响力行动建模,以人机协同方式确定影响力行动的意义;四是数据与试验台开发,开发基础设施,从在线多媒体源获得社交媒体信息和其他数据;五是项目评估,对该项目所开发的技术与工具进行置信度等评估。DARPA已选定承包商开展研发工作。

二、几点认识

智能决策技术将降低美军作战人员的工作难度以及作战行动的复杂性,实现快速反应与适应,支撑马赛克战凭借"压缩时间"来应对威胁的策略。

(一) 美军支持作战计划的智能决策技术可能很快形成实战能力

目前,DARPA"分布式战斗管理""对抗环境弹性同步计划与评估"项目成果已经转移给军种,"自适应跨域杀伤网"项目成果已经开展初步演示验证。结合DARPA可能即将启动的"权杖"项目研判,支持作战计划的智能决策技术领域展现出良好的应用前景,美军正加速推动智能决策技术适应未来高端作战大规模、强对抗、高动态等特征,可能很快形成实战能力。

(二)破解复杂问题的智能决策技术能够支持美军开展非常规战

尽管 DARPA 在"世界建模器""指南针""影响力行动感知与利用"等项目公告中指责对手针对美国开展非常规战。但是 DARPA 在相关项目中开发的技术,能够支持美军开展理解对手意图、预判对手行动、实施影响力作战等形式的非常规战,平时能够形成威慑,降低由竞争转向冲突的风险;战时可与作战行动配合,强加对手更大复杂性,使对手面临决策困境。

(三)大规模、高复杂、自适应是美军智能决策技术的重要发展趋势

整体上看,美军智能决策技术正向大规模、高复杂、自适应等方向发展,具体体现在:一是大规模,智能决策技术需要应对的规模日益增加,以战役级战争为例,涉及的平台数量可能以十万、百万计;二是高复杂,武装冲突结合非常规战,可能使军事、政治、经济、外交、文化等领域行动交织融合,实现准确决策的复杂性剧增;三是自适应,美军要想获得相对任意对手的进攻主动权,必须具备快速适应不同类型武装冲突和非常规战的能力。

(北京航天情报与信息研究所　佘晓琼)

DARPA 自主抵消僵尸网络项目发展研究

2021年1月至9月,美国国防部1.75亿互联网IP地址(该量级为全部互联网IP的4%)控制权被秘密转移,称用于网络安全试点计划,综合分析判断其用于美国国防高级研究计划局(DARPA)"利用自主性对抗网络攻击系统"(HACCS)项目实验,该项目主要利用人工智能、可信计算等技术,开发"自主软件智能体",用于自主抵消僵尸网络攻击和大规模恶意软件活动。

一、项目背景

僵尸网络(Botnet)是指网络攻击者通过传播僵尸程序病毒,感染互联网上的大量计算机,从而在攻击者与感染计算机之间形成一个可一对多控制的网络。利用僵尸网络,攻击者控制着一群联网计算机,可同时对受害者进行大流量网络攻击,或同时发送大量垃圾邮件等,可致使整个基础信息网络或重要应用系统瘫痪;获取被控制的联网计算机信息,可导致信息泄露、网络欺诈等违法犯罪活动。当前,互联网存在着大量僵尸网络,

2017年5月，特朗普签署的《关于加强联邦网络和关键基础设施的网络安全的总统行政命令》特别提出，僵尸网络是一个高度优先的国家安全问题。

目前应对僵尸网络主要有两种方法：一是事件响应法，其过于耗费资源和时间，无法大规模有效地解决问题；二是主动防御法，在行为上不够精确且不可预测，可能导致进程问题或其他附带风险。此两种方法不足以应对僵尸网络对国家安全的威胁。为此，DARPA实施HACCS计划，希望根据适当的隐私权限及相关法律权限，以可扩展的、及时的、安全的、可靠的方式，识别并抵消僵尸网络和其他大规模恶意软件，且不影响受感染网络功能。

二、项目概况

2018年4月2日，DARPA信息创新办公室（I2O）开始实施HACCS项目，旨在准确识别对手渗透的僵尸网络，生成大量已知（n-day）[①] 漏洞的漏洞利用软件，创建自主软件代理，通过已知漏洞将自主软件代理植入被对手渗透的僵尸网络，以抵消对手僵尸网络和其他大规模恶意软件攻击。

DARPA计划历时4年时间实施该项目，并明确技术领域、实施目标、保障措施等，具体包括以下方面。

（一）技术领域和实施路线

HACCS分为4个技术领域（TA）开展，4个技术领域均贯穿于整个项

---

① 漏洞从发现、信息公布到修补解决分为三种窗口期类型的漏洞：一是零日（0-day）漏洞是仅发现的漏洞，除发现者无人知晓该漏洞，利用此漏洞发起攻击最有效；二是一日（1-day）漏洞是信息发布后，但未修补解决的漏洞，已引起系统管理员的注意，利用此漏洞攻击较0-day效果稍差；三是已知（n-day）漏洞是已发布修补漏洞解决，用户已知晓漏洞存在并知晓更新补丁可修补漏洞，但仍有用户不修补，利用此漏洞攻击有效性随时间大幅降低。

目的各实施阶段。

技术领域 1（TA1）是查找和识别僵尸网络基础设施。TA1 包括查找和识别两个行为的技术和系统开发，一是查找僵尸网络节点及相关受损网络的指挥控制（C^2）、攻击以及其他活动流量，突破这些活动流量隐蔽性和规避性；二是识别僵尸网络，确定此网络上设备的数量和类型，以及运行软件版本等信息，以备用于识别未打补丁或配置错误的软件。

技术领域 2（TA2）是僵尸网络中植入自主软件代理。充分利用美国国家漏洞库（NVD）等已知 n–day 漏洞相关信息以及测试漏洞软件，开发漏洞软件工具，将漏洞自主代理软件植入到僵尸网络中，并使自主代理软件能够在网络中横向移动和运作。

技术领域 3（TA3）是识别和抵消僵尸网络植入体。借助 TA2 的软件工具，TA3 将开发自主代理软件，可安全、可靠、自主地在部分已知或完全未知的网络中导航移动，自主遍历至僵尸网络控制的每个设备，继而获得对受感染设备的访问权，以压制恶意网络流量，并尽量降低对网络和设备正常功能的破坏。

技术领域 4（TA4）是集成。TA4 将为 TA1、TA2 和 TA3 相关组件提供统一的框架，将 HACCS 无缝接入多个公共、商业、政府等信息源，强化抵消僵尸网络能力，测试和评估系统组件和综合系统，将项目整合到国防部网络演习，并对最终的 HACCS 进行定量和定性评估。

（二）实施路线

HACCS 项目分为 3 个阶段进行实施，2018 年 4 月 2 日开始执行，每个阶段 16 个月，共 4 年，计划 2022 年 4 月 1 日结束。第一阶段面向 5% 的 IPv4 网络空间，僵尸网络检测识别准确率约 80%，储备 10 个 n–day 漏洞应用；第二阶段分别提升到 25%、90% 和 100 个；第三阶段提升到 80%、

95％和1000个，包含10000台计算机的模拟拓扑，并能在国防部演习中使用。具体实施路线如表1所列。

表1　HACCS项目实施路线

技术领域	阶段1 2018.4.2—2019.8.1	阶段2 2019.8.2—2020.12.1	阶段3 2020.12.2—2022.4.1
TA1	① 对全球5%的IP地址空间进行表征； ② 僵尸网络检测和识别准确率80%	① 对全球25%的IP地址空间进行表征； ② 僵尸网络检测和识别准确率90%	① 对全球80%的IP地址空间进行表征； ② 僵尸网络检测和识别准确率95%
TA2	①10个n-day漏洞应用实例； ② 1个额外漏洞等级	① 100个n-day漏洞应用实例； ② 2个额外漏洞等级	① 1000个n-day漏洞应用实例； ② 2个额外漏洞等级
TA3	①在10个计算机模拟拓扑结构中演示横向移动和效果； ② 30%的自主代理代码得到验证	① 在1000个计算机模拟拓扑结构中演示横向移动和效果； ② 75%的自主代理代码得到验证； ③ 规定操作规则	① 在10000个计算机模拟拓扑结构中演示横向移动和效果； ② 95%的自主代理代码得到验证； ③ 验证操作规则
TA4	提供模型和规范，以统一指导TA1~TA3	设计并完成集成框架	国防部演习中列入演示系统

三、项目进展

2018财年执行1525万美元，执行1524.8万美元。一是初始开发识别僵尸网络节点的指挥控制、攻击和活动流量算法；二是利用已知漏洞信息，设计自主生成漏洞利用软件的架构；三是利用机器学习和人工智能技术确保自主软件代理的正确性、安全性和可靠性。

2019 财年申请 2100 万美元，执行 1900 万美元。一是开发检测隐蔽指挥控制协议算法，强化僵尸网络跟踪能力；二是将漏洞发现和漏洞利用生成技术扩展到在真实操作系统上；三是测试反僵尸网络的自主软件代理，并演示描述僵尸网络特征的能力。

2020 财年申请 2250 万美元，执行 1880 万美元。一是增强僵尸网络跟踪算法，通过表征僵尸网络管理基础设施来检测被感染网络；二是扩展软件漏洞的发现技术；三是评估僵尸网络跟踪算法检测隐蔽的指挥控制协议，并评估自主代理行为；四是研究将反僵尸网络技术集成到现有架构和演习中。

2021 财年申请 1550 万美元，执行 1680 万美元。一是增强僵尸网络跟踪算法，以跟踪检测多类别僵尸网络；二是扩展发现技术，以发现更多平台和更多类别软件漏洞；三是评估僵尸网络跟踪算法，通过表征僵尸网络管理基础设施来检测被感染网络，并评估综合环境中自主代理行为；四是评估综合环境中反僵尸网络技术。

2022 财年申请 924 万美元。一是增强僵尸网络跟踪算法，为全球跟踪识别主要类别的僵尸网络，提供近乎实时的评估；二是增强自主发现技术，以发现日趋复杂的软件漏洞；三是通过表征僵尸网络管理基础设施的特点，评估跟踪检测僵尸网络算法，并评估现实世界环境中的自主代理行为；四是在现实环境中评估反僵尸网络技术做出最优选择。

目前，DARPA 授予 Packet Forensics 公司、佐治亚技术应用研究公司、二六实验室、亚利桑那州立大学、Keyw 公司、Aarno 实验室、系统与技术研究公司、Kudu 动力公司、Gramma tech 公司 9 家单位总价 1 亿 940 万美元合同，远超国防预算，项目可能处于相对保密状态，无相关成果或演示报道，仅有报道 2020 年 DARPA 与联合人工智能中心合作该项目。

四、几点认识

HACCS 项目实际为利用人工智能等技术,通过向大规模僵尸网络注入自主软件,使其能够自主抵消或中和僵尸网络中的被感染的恶意软件,如项目研究成功并付诸实施,将对未来互联网影响深远。

(一)自主抵消僵尸网络将助力大国网络竞争博弈

全球网络空间战略博弈日趋激烈,网络安全威胁和风险日益突出且持续升级,网络攻击已从信息空间延展到物理空间。自主抵消僵尸网络及大规模恶意软件攻击,将强化网络恶意行为响应,深化网络渗透,优化网络空间作战模式,提升网络攻防对抗能力,渲染对抗对手威慑能力,彰显强大综合网络实力,促使美国战略能力增值,争取和保持对抗中的主动权,夺取制网权绝对优势,助力大国网络空间竞争博弈,促进形成网络慑战并举胜势。

(二)或将有效抑制僵尸网络等恶意行为

僵尸网络全球大量存在并伺机攻击数十年,且僵尸网络仍在不断升级改进,不断提升隐蔽性和攻击效果,通常只有大型跨国企业才可抵御僵尸网络攻击。HACCS 项目充分利用国家漏洞库(NVD)、BugTraq 等资源,运用机器学习、人工智能、可信计算等前沿技术,构建自主僵尸网络防御系统,如其实际应用,或将有效抑制僵尸网络和大规模恶意软件活动,促进全球互联网健康发展。

(三)强化漏洞利用效率,或服务于网络武器研发

网络漏洞是实施网络攻击、开展网络反制的技术基础,已成为国家重要战略资源和武器。世界军事强国均努力防止漏洞信息泄露,积极优化漏

洞管理，强化漏洞攻击利用，以期在平时战时争夺网络主动权。HACCS 项目充分利用网络漏洞，研究漏洞利用技术，强化漏洞利用能力，除对抗僵尸网络用途外，或意图利用网络漏洞构建网络武器、训练网络作战、优化网络作战模式，以强化网络作战能力。

（四）或成为人工智能与网络安全融合重点项目

2020 年 7 月，DARPA 表示将与国防部联合人工智能中心（JAIC）开展合作，对日渐交叉融合的人工智能与网络安全/网络作战进行深度研究，其重点提出 HACCS 项目即是将人工智能与网络安全/网络作战融合，以该项目为融合合作开端意图明显。DARPA 与 JAIC 合作将充分利用人工智能技术提升态势感知、指挥决策等能力，变革网络作战模式、作战烈度、作战规模等，最终提升网络攻防对抗综合能力。

（五）法律、隐私、道德、伦理等多问题并存或致实用无期

DARPA 提出该项目涉及众多物联网设备，如摄像头、冰箱、面包机等，被僵尸网络感染后长期处于缄默状态，用户不知设备是否感染，即便知晓已感染也不主动或配合清理。DARPA 称项目仅探索技术可行性，未经用户同意入侵其系统带来的隐私与法律等问题不在项目考虑范围之内。另外，自主与人工智能本身涉及道德、伦理等问题，谷歌等企业曾因此退出人工智能国防项目 Maven 研发；美国国防部也曾因多方质疑发布《人工智能原则：国防部人工智能应用伦理的建设》。综上法律、隐私、道德、伦理等多问题共存，该项目后续距实用可能无期或者隐蔽实施。

（中国信息通信研究院　葛悦涛　赵勋　崔枭飞）

美军"天空博格人"项目进展分析

2021年,美国空军"天空博格人"(Skyborg)项目研发的"自主核心系统"(ACS)完成多次飞行试验,演示了不同型号无人机配装模块化、开放式ACS,可在指定区域自主飞行、巡航和通信能力。下一步,美国空军还将开展一系列飞行试验,演示有人机与多架配装ACS的无人机编队协同飞行能力。

一、项目概述

2019年3月,美国空军公布"天空博格人"项目,目标是开发ACS。ACS是一套软硬件系统,旨在充当"天空博格人"无人机大脑,实现基于人工智能的辅助决策、自主驾驶等核心能力。"天空博格人"项目核心目标是发展自主控制的"忠诚僚机"无人机或更先进的无人战斗飞行器(图1)。

"天空博格人"项目重点发展四大功能:①自主起飞和降落;②可在飞行中避开其他飞机、地形、障碍物和恶劣天气;③将有效载荷(传感器)

和飞机的机身分离,允许模块化调整,实现快速配置更换;④采用开放式架构,可以兼容现有和未来的飞行平台。"天空博格人"项目开发的系统可通过两种模式参与空战:第一种集成在有人战斗机中,作为虚拟副驾驶减轻飞行员的负担;第二种集成在无人平台上,实现无人飞行器自主驾驶。

图 1　"天空博格人"项目低成本无人驾驶战斗机概念设计图

二、主要进展

2020 年 12 月,美国空军授出 3 份合同,建造多架无人"忠诚僚机"原型机,以搭载该项目开发的 ACS 系统进行"自主可消耗飞机实验"(AAAx)。

2021 年 4 月 29 日,"天空博格人"项目 UTAP - 22 无人机配装 ACS,在美国佛罗里达州廷德尔空军基地完成首飞(图 2),飞行试验历时 2 小时 10 分钟,演示了配装 UTAP - 22 无人机一系列能力,包括基本航空能力,以及响应导航命令、地理围栏①反应、实施协调机动等能力。

图 2　配装自主核心系统的 UTAP-22 无人机从廷德尔空军基地发射

2021 年 5 月 5 日,配装 ACS 的 UTAP-22 无人机在墨西哥湾上空进行了第二次飞行试验,并由一架 F-16C 战斗机伴飞(图 3)。美军表示,这是美国国防部历史上有人战斗机与 ACS 无人机距离最近的一次飞行。

图 3　UTAP-22 无人机第二次试飞由一架 F-16C 战斗机伴飞

---

①　"地理围栏"指的是在某一区域周围定义的虚拟边界,可以通过各种方式来设置,比较简单的方法是用 GPS 坐标框出一个区域。

2021年6月24日与10月26日，美国空军在加利福尼亚州爱德华兹空军基地举行"橙旗2021-2"与"橙旗2021-3"演习。在"橙旗2021-2"演习中，美国空军使用"天空博格人"项目另一种无人机MQ-20"复仇者"，配装ACS，成功进行了试飞，历时2小时30分钟。验证表明，模块化ACS既可以配装在UTAP-22无人机，也可以移植到完全不同类型的MQ-20"复仇者"无人机，实现功能一致性。"橙旗2021-3"演习中，两架配装ACS的MQ-20"复仇者"无人机，除了演示导航命令响应，地理围栏反应等能力，着重验证ACS控制两架MQ-20无人机自主飞行的同时，保持数据通信、协调飞行（图4）。

未来，"天空博格人"项目将探索有人驾驶飞机和多架自主无人机之间的有人-无人编组飞行试验。

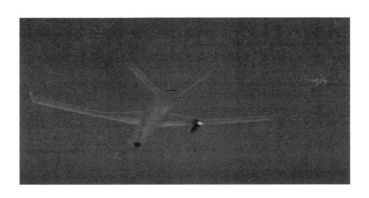

图4 两架MQ-20无人机对自主核心系统进行无人机自主编组试验

三、几点认识

（一）提升无人机自主作战水平

"天空博格人"项目旨在开发一种飞行器编队自主架构，以软件系统形式部署在有人和无人飞行器上，实现自主驾驶、态势感知、辅助决策等功能，使空军能够运行和维护低成本编队飞机。该项目代表了更高的自主水平，无人机可以执行对于有人机来说过于繁重或危险的任务，将在对抗环境下，通过快速决定性行动击败对手，成为新的作战力量倍增器。

（二）推进有人－无人战机协同作战能力发展

从项目启动到首飞，"天空博格人"项目仅用一年时间，将概念转化为产品。美国空军一直将发展重点放在"天空博格人"ACS开放式和模块化架构上，并获得初步验证，以满足未来新功能和新能力即插即用。目前，除了UTAP－22和MQ－20无人机外，XQ－58A"女武神"隐身无人机也是"天空博格人"项目的重要组成部分。2022财年美国空军将继续推进该项目发展和试验工作，将分别应用XQ－58A"女武神"和MQ－20"复仇者"无人机，继续对ACS进行集成和试验，并在大型演训活动中演示有人－无人编组能力，以快速推进有人－无人战机协同能力形成并运用于一线部队，为高端战争做准备。

（三）推动实现智能化作战样式

"天空博格人"无人机，旨在验证低成本消耗性无人机军事应用的可行性，谋求运用低成本无人力量摧毁敌方高成本有生力量，反映了美军正在针对"同等对手"，演绎谋求运用人工智能等先进技术为对手打造量身定制的作战装备，塑造对手"防不胜防"的战场态势，并寻求经济可承受的大国强对抗作战途径的空中打击新举措。

（中国航天科工集团第三研究院三一〇所　韩雨）

英国"人工轮机长"系统发展分析

2021年3月,英国罗尔斯·罗伊斯公司研发的"人工轮机长"无人舰船操控系统首次获得英国国防部资助。"人工轮机长"系统可在较少的人工干预情况下,自主制定航行规划、操控舰船,并隔离故障、处置突发事件,确保无人舰船安全航行,提高英国海军无人运输舰船编队投送能力。

一、发展背景

(一)罗尔斯·罗伊斯公司研制无人舰船操控系统降低航运成本

无人运输船是解决海员培训与雇佣成本、航运安全事故、船舶运载空间成本问题的主要手段,但当前无人舰船操控系统尚不能满足舰船长期安全航运要求。为此,罗尔斯·罗伊斯公司开展"先进自主水上应用"(AAWA)与"自主导航安全舰船"(SVAN)项目,研发无人舰船自主导航技术,推出原型样机"人工轮机长"系统。

(二)"人工轮机长"系统满足英国军用无人舰船需求

近年,英国国防部强劲推动人工智能技术向军用转化,其国防科学技术实验室（DSTL）开展的"智能舰船"项目，旨在利用人工智能技术为英国海军寻求 2040 年前革命性船舶设计。"智能舰船"项目启动了"下一代智能舰船"竞赛，第一阶段发展多个新方案，探索改善自动化、自主功能、人工智能决策助手、人机界面，以及在未来的作战环境中提高决策和任务规划速度和质量等。第二阶段，评估和演示一系列人机编组和自主决策系统，"人工轮机长"系统由于满足英国海军对无人运输舰船的需求，直接进入 DSTL"智能舰船"第二阶段发展，以进一步研发和提高成熟度。

二、系统组成与功能

（一）系统组成

"人工轮机长"核心系统称为"自主舰船设备控制"（AVEC）系统，主要由轮机长接口、决策制定和通信管理器 3 个模块组，以及数据记录器和系统安全两个独立模块组成。轮机长接口模块组由人类轮机长、手动控制接口两个模块组成，其中人类轮机长模块用于接收外部输入指令，提供给决策制定模块组；决策制定模块组由规划、评估、决策、排序 4 个模块组成，是生成舰船控制命令的核心；通信管理器模块组负责 AVEC 与船上其他系统通信。数据记录器模块负责按时间线记录"人工轮机长"系统的所有活动；系统安全模块监测其他各模块活动，分析异常行为并采取措施保护系统免受网络攻击。

（二）系统功能

AVEC 系统的主要功能是：①生成任务方案、操控舰船。AVEC 根据"实时任务管理""长期舰队管理""船舶能量管理"和"设备健康管理"4 个输入约束，编制舰船航行控制方案，生成控制命令，通过集成平台管理系统，控制舰船"动力、推进与转向系统"和"稳定、流体和电子系统"，并与"关键导航与通信系统"和"船舶安全与监视系统"不断交换信息，调整控制方案。②监视各系统运行、确保舰船可靠安全运行。AVEC可持续评估舰船的机械状态和健康情况，发生机械故障等问题时，调整控制方案，减轻故障对任务计划的影响。同时，AVEC可根据预设的紧急情况应对措施（如船上火灾），拟制具体实施方案，在一定程度上提高无人舰船的生存能力，具体功能可参见图1。

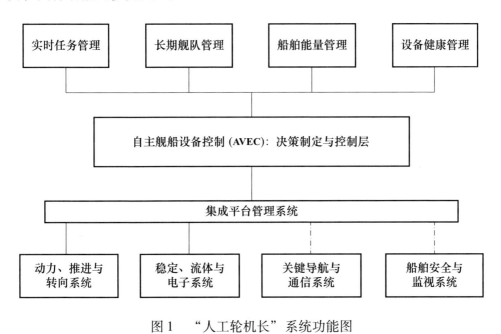

图1 "人工轮机长"系统功能图

三、应用前景

"人工轮机长"系统专利表明，其不仅可用于水面舰船，还可应用于无人潜航器，能提高无人系统及其编队的长期自主航行能力。未来，配备有

"人工轮机长"系统的英国皇家海军无人舰艇,将大幅增强海军编队的远程运输补给能力并有效降低补给成本。

提高远程运输补给能力。配备了"人工轮机长"系统的海军无人舰艇自主水平显著提高,能可靠执行远程运输补给任务,无须人工介入。在战时可组织大量无人舰艇组成运输编队,快速可靠地将军事物资远程运输到前线,增强战斗力。

降低补给运输成本。远程物资运输要求船员能应对天气、舰船软硬件故障等各种突发问题,但培养和使用高素质船员的成本较高。应用"人工轮机长"系统后,可大幅减少对船员的需求,节省海军补给运输成本及人力消耗。

四、结束语

在英国国防部资金支持下,罗尔斯·罗伊斯公司将开展为期 16 个月研发,以提高"人工轮机长"的技术成熟度。根据英国国防部要求,"人工轮机长"主要发展方向是提高复杂环境下自主航行能力,以及长时间远航的高可靠和自主维护能力。"人工轮机长"一旦成熟应用,将大幅提高英海军远程无人运输补给能力。

(中国船舶集团第七一四研究所　周智伟)

美国陆军人工智能系统在杀伤网构建中发挥作用

2021年10月至11月，美国陆军举行了为期6周的"会聚工程-2021"年度大规模作战演习。演习围绕美国陆军在一、二岛链作战任务，设计了七大演习场景，试验了110种新技术。本文根据演习使用的4种人工智能系统，分析人工智能系统在构建杀伤网中发挥的作用。

一、人工智能系统在杀伤网中的分工

美国陆军在"会聚工程-2021"演习中共使用了"造雨者""普罗米修斯""火力风暴""射击"4种人工智能系统。该4种系统需要在异构数据标准化、海量数据处理、智能任务规划、同步高节奏瞄准等环节紧密衔接，合力构建杀伤网。基本作战流程为，"造雨者"系统将不同平台多源异构数据进行标准化处理并传输至作战云服务器；"普罗米修斯"系统从作战云服务器中获取、处理海量数据，发现目标；"火力风暴"系统针对发现目标生成打击方案，提供指挥官决策；"射击"系统根据选定方案引导武器系统完成射击。

（一）"造雨者"系统

美国陆军当前装备有雷达、红外、光电、射频等多种传感器，上述传感器数据使用不同的消息格式和数据结构，其中许多老式系统与新系统无法兼容。将不同军种传感器和武器系统连接到一个安全网络，并将数据转换为通用的消息格式和数据结构是陆军推动多域战面临的核心问题。

"造雨者"系统为解决上述问题提供了方案，该系统基于通用数据结构，采用通用技术标准和应用程序编程接口，使原本不兼容的系统能够在陆地、海洋、空中、太空、网电等作战域跨域共享。在强对抗环境下，"造雨者"系统将使用"主要、备用、应急和紧急情况"模型提供更多的数据传输通道，在几秒钟内自主计算出新的传输路径，将标准化、格式化后的传感器数据传输至作战云服务器。

（二）"普罗米修斯"系统

"普罗米修斯"系统的作用是利用人工智能算法快速发现威胁目标，以远超人类的速度处理分析图像、视频等海量数据。一旦发现目标，"普罗米修斯"系统能够将目标坐标推送到"火力风暴"系统中，开始下一步任务规划行动。

（三）"火力风暴"系统

"火力风暴"系统的作用是通过智能任务规划实现火力同步，优化多域作战响应。一是掌握连接到网络的武器位置和能力；二是通过决策模型将目标与合适的武器匹配，根据交战距离、弹头威力、天气、地理和其他因素生成不同的打击方案；三是将打击方案发送给战场指挥官，由战场指挥官做出"传感器－目标－武器"选择，该选择将会发送到射击系统，进行同步高节奏瞄准。

"会聚工程－2020"演习中，原始版"火力风暴"系统在打击单一目标时生成了 6 种打击方案，将更多的传感器和武器连接到网络，增强版"火力风暴"系统生成了 21 种"传感器到射手"的打击方案，所有这些工作都在几秒内自动完成。

（四）"射击"系统

"射击"系统的主要作用是管理从"传感器到射手"的射击序列，收到指挥官选定的方案后，选定方案中的武器完成射击。射击的同时需要断开所有未选择武器与射击序列的连接，维持网络中可用武器池的更新。

一旦选定的武器完成射击，作战活动就会从"射击"系统返回"普罗米修斯"系统，由"普罗米修斯"系统使用"造雨者"系统的更新数据进行战损评估。如果目标没有被摧毁，系统将再次执行"造雨者 – 普罗米修斯 – 火力风暴 – 射击"流程，并进行新一轮打击，实施新一轮打击只需要几秒钟。

二、陆军多域特遣队将优先使用人工智能系统

2017 年，美国陆军组建了第 1 支多域特遣队，在华盛顿州的刘易斯 – 麦克乔德联合基地安装了作战云服务器，服务器能够连接卫星数据，运行"造雨者""普罗米修斯""火力风暴""射击"人工智能系统。2021 年 9 月，美国陆军宣布在德国威斯巴登组建第 2 支多域特遣队，未来计划组建 5 支多域特遣队，2 支分别部署在刘易斯 – 麦克乔德和夏威夷，负责应对印太方向威胁；1 支部署在德国，负责应对欧洲方向威胁；1 支部署在阿拉斯加，负责应对北极威胁；1 支用于全球响应，可进行空中机动。其中，印太方向的 2 支多域特遣队将为美国印太司令部构建杀伤网；欧洲和阿拉斯加的 2 支多域特遣队将为美国欧洲司令部构建杀伤网；全球响应多域特遣队将根

据需要灵活配置。

陆军计划从 2023 年开始为多域特遣队部署"造雨者""普罗米修斯""火力风暴""射击"人工智能系统的增强版。考虑到美军已经取消"联合企业国防基础设施"合同，这些人工智能系统可能会在"联合作战云能力"下的商业云服务器上运行。谷歌、微软、亚马逊和其他商业公司可能将协助建立、维护陆军的作战数据中心。

三、结束语

通用数据结构是美军联合全域作战的关键，有助于打破军种、武器系统间的数据壁垒。分布式传感器产生的海量数据如果不能及时共享、访问，将减少战场上可用的"传感器到射手"数量，严重影响杀伤网构建。

杀伤网的构建涉及探测、通信、指控、火力等多个环节，当前没有任何一款人工智能系统能够独自完成杀伤网的闭环。人工智能系统虽然将杀伤网闭合周期大幅压缩到秒级，但仍取代不了人在决策中发挥的关键作用，其中数据处理质量将影响决策的可用性。

美国陆军计划为多域特遣队部署人工智能系统和"远程高超声速武器"。2021 年 10 月，美国陆军正式接收首个高超声速导弹营全套地面装备。未来美军很可能在作战演习中将高超声速武器与人工智能系统结合，"高速"+"智能"产生的叠加效应将大幅加快作战节奏，使杀伤网更快闭合的一方产生决策优势。

（中国航天科工集团第三研究院三一〇所　李学朋）

新型 MQ-9B "海上卫士" 无人机将助力美国海军实施分布式反潜战

2021年8月，美国通用原子航空系统公司（GA-ASI）开展 MQ-9B "海上卫士" 无人机海上飞行演示，这是继2020年11月开展独立探潜试验以来，采取无人机与有人机混合编队的方式再次完成声纳浮标探潜试验。两次试验表明，MQ-9B "海上卫士" 已具备执行反潜巡逻任务能力，将支持美国海军实施分布式反潜战任务。

一、MQ-9B "海上卫士" 无人机概况

MQ-9B "海上卫士" 是 MQ-9B 无人机的海军型（图1），作为一款主要用于海上侦察监视的大型无人机，它与 MQ-9B "天空卫士" 的区别在于加装了 "海上卫士" 任务载荷。该机集成了多种任务传感器，包括多功能 "浪花"（Seaspray）有源相控阵海上搜索雷达（7500EV2）、声纳浮标分配器吊舱（SDS）、多光谱瞄准系统套件（MTS-D）、"山猫" 合成孔径雷达（Lynx）、船舶自动识别系统（AIS），上述传感器采集的信息能快速融

合,并可相互引导,从而获得更强的水面/水下情报收集能力。MQ-9B"海上卫士"无人机基本数据如表1所列。

MQ-9B"海上卫士"无人机还采用高度模块化的设计,载荷能力很强,可通过灵活调整载荷来满足不同任务需求。此外,该机翼下有8个外挂点,组合挂载通用原子公司提供的6种任务吊舱,可相应获得电子战、反潜、通信中继与自卫能力。

图1 基本载荷状态下的MQ-9B"海上卫士"无人机

表1 MQ-9B"海上卫士"无人机基本数据

基本参数		飞行性能	
翼展	24米	海拔升限	≥12000米
机身长	11.7米	飞行时间	≥30小时(携带基本载荷)
动力装置	霍尼韦尔TPE331-10涡桨发动机1台	巡航速度	210节
最大起飞质量	5670千克	作战半径	≥5000海里
最大载油量	2721千克	指控/通信	
最大任务载荷质量	2155千克(内部363千克)	视距内	C波段
供电	45千伏·安	超视距	X/Ku/Ka波段卫星通信
备用电源	2千瓦	战术数据链	Link-11和Link-16

MQ-9B"海上卫士"无人机不仅拥有先进、多样的任务载荷，而且使用寿命可达40000小时，并具备自主起降、空中避碰、防火防雷电、防冰除冰等功能，集功能多、能力强、可靠性高、运维成本低等优点于一身，因而获得美国及其盟友的青睐。

二、MQ-9B"海上卫士"无人机探潜能力分析

此前，MQ-9B"海上卫士"无人机不具备探测水下潜艇的能力，现在不仅拥有了这种能力，而且在恶劣条件下发现类似潜望镜/通气管等海面小目标的能力也进一步提升，综合探潜能力已发生质的飞跃。

（一）采用声纳浮标，具备探潜能力

2020年11月，参照现役有人反潜巡逻机的标准作业流程，MQ-9B"海上卫士"无人机使用声纳浮标，在美国海军太平洋试验场成功完成了探潜试验。

挂载SDS的MQ-9无人机首先在搜索区域投下一枚海洋测温浮标（BT），再依据测得的海水温度垂直剖面信息，设定主/被动声纳浮标的工作参数，随后连续投下7枚被动定向浮标（DIFAR），形成浮标阵。获得水下目标概略位置后，无人机先后投下2枚主动定位声纳浮标（DICASS），最终确定目标位置。在长达3小时的试验中，无人机的任务是运载与投放声纳浮标，接收与转发浮标信号，浮标获取的各类信息则由无人机通过卫星链路实时传至位于内陆的美国陆军尤马试验场，由设在那里的飞控站进行处理并生成目标航迹。SDS是"海上卫士"任务套件的重要组成部分，这次试验成功表明MQ-9B"海上卫士"无人机使用声纳浮标探潜已不存在技术障碍。

每个 SDS 最多能容纳 10 枚"A"类浮标或 20 枚"G"类浮标①，MQ – 9B"海上卫士"有 4 个外挂点可挂载该吊舱，最大浮标携带量介于 40 ~ 80 枚。在标准海上侦察监视与反潜巡逻挂载配置下②，MQ – 9B"海上卫士"无人机的续航时间超过 18 小时，作战半径达 1200 海里，可在反潜任务区停留 8 小时，如图 2 所示。

图 2　标准海上侦察监视与反潜巡逻挂载状态下的 MQ – 9B"海上卫士"无人机

（二）集成新雷达将强化探测海面小目标能力

MQ – 9B"海上卫士"无人机配置的 Lynx 雷达与"浪花"7500EV2 雷达配合使用，具有较强的海面广域与小目标搜索探测能力。

Lynx 雷达对海搜索最大探测距离达 80 千米，不仅有海上广域搜索、逆

---

①　北约将声纳浮标尺寸标准化为 A、G、F 三类，直径统一为 124 毫米，A 类长度 914 毫米，G 类长度 419 毫米，G 类长度 123 毫米。

②　MQ – 9B"海上卫士"在标准海上侦察监视与反潜巡逻挂载配置时挂载 2 个声纳浮标分配器吊舱（SDS）。

合成孔径雷达成像、海上动目标指示等多种工作模式,而且能与 MTS‐B、AIS 之间实现信息融合,相互引导。Seaspray 7500EV2 雷达为多功能有源相控阵雷达,安装在 MQ‐9B"海上卫士"无人机机腹下的吊舱中,可以 360°全向探测,具有边扫描边跟踪能力,能自动跟踪 200 批目标,对海面目标的最大探测距离可达 200 海里。该雷达特别是在小目标探测模式下对潜望镜、通气管、拖曳浮标这类海面小目标的探测能力很强,即便在暴雨、大风浪等恶劣条件下也能保持较好的探测效果。

对潜艇而言,利用恶劣气象/海况的掩护伸出潜望镜或通气管定位、通信或充电,是一种较为有效的战术,但面对配备了 Seaspray 7500EV2 雷达的 MQ‐9B"海上卫士"无人机,使用这种战术被捕获的风险将明显增加。

三、几点认识

MQ‐9B"海上卫士"不仅成为性能优异、高性价比的大型无人反潜巡逻机,而且能够更好地融入美军正在构建的分布式反潜网络,发挥重要作用。

(一) MQ‐9B"海上卫士"无人机契合分布式反潜战的需要

MQ‐9B"海上卫士"主要充当对海搜索雷达、声纳浮标等探潜传感器的搭载或投放平台,传感器获取的信息数据将由卫星链路传输至处理部位提取目标信息,在卫星下行信号覆盖范围内的飞机、舰艇等作战节点均能第一时间获得相关信息数据,并同时进行处理,将加快反潜 OODA 循环,实现快速构建广域反潜杀伤网,以及敏捷、高效的分布式反潜战。当前,美国海军正大力将 MQ‐9B"海上卫士"无人机探潜能力转化为分布式反潜战能力。

（二）MQ-9B"海上卫士"无人机将与有人反潜机形成优势互补的协同反潜巡逻网

MQ-9B"海上卫士"无人机已具备代替P-8A/P-3C在前沿海域执行反潜巡逻任务的关键能力，而价格仅为P-8A的1/7~1/6，使用成本较后者更有显著优势，一旦MQ-9B"海上卫士"机队形成规模，将与现役P-8A/P-3C构成成本低、规模大、有人-无人协同的反潜巡逻机装备体系，将形成"无人平台在前、有人平台后撤"的分布式反潜战态势。未来美军可以MQ-9B"海上卫士"无人机为骨干，在前沿区域编织一张全天时、全天候、大范围、高密度的无人化、分布式空中反潜巡逻网。

（三）MQ-9B"海上卫士"无人机正向水下察打一体发展，将提升分布式反潜灵活性

尽管MQ-9B"海上卫士"当前是用于执行海上侦察监视等保障性任务的无人机，并不携带进攻武器。但GA-ASI正在考虑在该机上配置小型无人机和常规弹药，实现反潜察打一体能力。如果为该机配置巡飞弹，将可实现隐蔽攻击水面状态的潜艇；如果挂载轻型反潜鱼雷，则可对水下潜艇实现察打一体。届时，MQ-9B"海上卫士"无人机可与"海上猎人"等反潜无人舰船、水下无人潜航器等组合，形成覆盖广、反应快、手段多、战术灵活的无人化立体分布式反潜网络。

（中国航天科工集团第三研究院三一〇所　黄鑫）

美军推进海上无人综合作战系统发展

2021年4月19日至26日,美军为加速推进海上无人综合作战发展,加快建设有人-无人混合部队,在南加利福尼亚州圣地亚哥海岸举行了代号"无人综合作战问题21"的演习,这是美军首次聚焦无人综合作战的舰队演习。此次演习,为未来美军的造舰计划"造势",通过无人系统"分布式"杀伤概念,将舰队"化整为零",在前线部署大量带有传感器的无人节点侦察目标引导火力,以应对敌方打击体系。

一、背景情况

无人作战是指在开放式的架构上,以网络通信为中心,以无人系统或有人-无人系统作为任务执行单元,构建的具有抗毁性、低成本、智能化、功能分布化等优势的联合作战方式。无人作战具有灵活隐蔽,侦察力强,人员"零伤亡",作战效费比高等特点,以极少数士兵带领数量庞大的无人"蜂群""蚁群""鱼群"等人机一体化联合作战将成为可能,无人作战将颠覆未来战争。

近年来，美国海军在战略谋划和作战概念两方面，加紧规划发展未来基于无人系统的作战样式。在战略谋划上，美国海军部相继发布《海军部无人系统目标》《海军部无人系统战略路线图》，提出了"建设一支有人-无人系统无缝整合的部队"愿景。2021年，美国海军部发布《无人作战框架》战略大纲，重申了无人系统愿景，全面识别了无人系统发展面临的挑战，针对性调整了无人系统的总体策略和发展思路；同时制定《无人作战行动计划与里程碑》，为在文件中形成更切合实际的行动举措，美国海军部举办了"无人综合作战问题21"演习，对海军各型无人系统当前研发进度和性能水平进行了识别，加快推进海上无人综合作战发展。在作战概念上，美国海军提出"分布式"杀伤概念，通过在广阔海域将1~3艘有人-无人舰船组成的"水面行动大队"分散部署，增大对方探测和打击难度，提高自身生存力、杀伤力，通过平台分散、火力集中实施高效打击和摧毁，以确保美军海上优势。

二、演习实施情况

美军"无人综合作战问题21"演习任务由太平洋舰队领导，第三舰队执行，旨在演练无人系统指控，凝练战术、技术和程序，使操作员获得作战环境下的海上无人系统使用经验，重点评估情监侦、目标指示与导弹射击、跨域有人-无人编组三方面能力。

（一）参演装备

参与的无人系统包括"海上猎手"号和"海鹰"号中型无人水面艇、MANTAS T38"魔鬼射线"号无人水面艇、海洋航空公司3吨级水下/水面双模航行器，以及美国香草飞机公司的超长航时无人机、MQ-8B"火力侦察兵"舰载无人直升机、MQ-9"海上卫士"无人机、美国海军研究实验室"超级蜂群"等无人系统。参与的有人舰艇达10艘,包括"普林斯顿"号巡洋舰、5艘驱逐舰、1艘潜艇和2艘濒海战斗舰,另外还有EA-18G电子战机、P-8A反潜巡逻机等5架有人作战机。

(二)演习过程

演练期间,"阿利·伯克"级导弹驱逐舰"约翰·芬恩"号(DDG-113)利用无人系统引导"标准"-6导弹击中了400千米外的靶标。目标靶舰装备了一个小型雷达反射器和一个能发出电磁信号的模拟雷达。无人机、无人舰和水面舰艇上的传感器可以探测到"敌军"发出的信号。无人舰艇在全程不开启主动传感器的情况下,通过被动方式捕捉到了这艘靶舰的信息。该信息随即被传送回DDG-113驱逐舰,该驱逐舰在不使用自身主动传感器情况下,利用前线无人设备传回的目标数据发射了一枚"标准"-6导弹,击中了250英里(400千米)外的目标,这一射程超出了该舰雷达的最大探测范围。

美军还利用"超级蜂群"在演习中成功摧毁水面舰艇。这项研究探索了包括无人机、无人潜艇和无人水面舰艇等庞大的集群协调对舰队的攻击。但一架MQ-8B"火力侦察兵"舰载无人直升机在从"查尔斯顿"号濒海战斗舰起飞后,撞上"查尔斯顿"号侧面坠海,虽然没有导致人员伤亡,但也预示着美国海军的新战法存在不小的风险和隐患。与现有战法相比,无人系统分布式杀伤的前提仍然需要美国海军全面控制西太平洋岛链,只是被控制节点由有人平台替换为无人平台加少量有人部队。无人作战装备在执行任务的过程中,美国海军需要全面掌控制海权、制空权、制电磁权,任一环节出现问题,都会影响整个作战系统,想要依靠人工手段弥补和修正难度很大。

此次任务聚焦无人系统与有人装备体系集成，进行了布放回收、指挥控制、编组协作、目标指示和攻击侦察等课目演练。重点对无人武器装备进行测试和评估，体现了美国海军未来的发展方向及进一步发展海上无人武器装备的战略意图。此次演习获得的经验与暴露的问题，将通过反复迭代完善。未来，美军相关无人装备大批量列装后，可丰富其现有作战编成方式，补齐装备体系能力短板，甚至颠覆传统作战样式。

三、几点认识

（一）新型无人装备加速研发与入役

此次演习，美军出动了数量众多的无人水面艇、无人机、蜂群作战系统等无人作战装备。美军经过多年持续发展，已基本解决了单独完成短期、简单任务的无人系统总体、动力、通信、导航、自主控制、有效载荷等方面的技术难题，正重点发展大规模长期使用、集群使用、与有人装备协同使用等关键技术。正在陆基、海基平台全面、大规模列装，在无人机方面，海军驱护舰搭载的"扫描鹰""火力侦察兵"MQ-8B 开始升级换代；"人鱼海神"MQ-4C 陆基高空长航时无人机开始小批量生产。在无人水面艇方面，将大中型无人舰艇列入 2021 财年海军预算，研制遥控、可选有人/无人、执行海上情报监视侦察任务的大中型无人舰艇。在无人潜航器方面，美国海军已大规模列装"近海战场感知-滑翔者"无动力无人潜航器，以执行海洋环境数据收集和情报监视侦察任务；"刀鱼"重型无人潜航器已于 2019 年形成初始作战能力，是美国海军濒海战斗舰的反水雷装备。未来，美国海军将继续增加无人作战装备的比重，计划在 2026 年前列装 26 艘无人舰艇，其中包括 1 艘中型无人艇、12 艘大型无人艇和 8 艘超大型无人水下潜航器。可以预见，美国海军未来的力量构成将突出无人作战装备。

（二）通过有人－无人装备集群/协同、增加无人系统载荷等方式替代传统装备能力

近年，美国海军不断加大对无人系统和自主技术的测试、演示和原型设计，试图进一步提升海上无人作战能力。目前，美国海军无人系统单型载荷能力有限，导致其很难独立执行复杂任务，正在采取有人－无人系统协同、多无人系统集群、增加无人系统载荷等方式解决这一问题，以达到将无人系统作为新型主战力量，参与甚至承担主战任务的目的。美军曾使用 MQ-4C 无人机与 P-8A 共同执行反潜任务；通过多无人机、多无人潜航器集群实现广域反潜探测；用大型无人潜航器搭载并布放小型无人潜航器和无人机等。此次演习，美军演练了通过有人－无人装备集群/协同方式替代传统装备能力。

（三）演练超视距新战法，将无人系统从执行小规模战术情监侦任务向构成大规模情监侦网络转变

此次演习中，美国海军利用无人机、无人舰和水面舰艇上的传感器可以探测到"敌军"发出的信号；依靠无人系统大规模情报、监视与侦察网络，无人舰艇在全程不开启主动传感器，通过被动方式捕捉到了靶舰信息，实现超视距打击。目前，美国海军已大规模装备"近海战场感知－滑翔者"无动力无人潜航器进行海洋环境数据收集和情报监视侦察；将大中型无人舰艇列入 2021 财年海军预算，研制遥控、可选有人－无人、执行海上情报、监视与侦察任务的大中型无人舰艇，旨在形成无人系统大规模情报监视侦察网络。

（四）将无人装备从信息支持向执行火力打击任务的主战装备拓展

自主控制技术是无人系统的核心技术领域。目前，美国海军的无人艇、无人潜航器需要人工予以干涉；在当前美国海军大力发展的无人艇、无人潜航器等无人作战装备的均要求实现自主控制，形成完全自主、通用的无人作战装备，可根据任务载荷模块不同，快速适应作战需求扩展作战能力。随着美国海军海上无人作战装备自主化程度不断提高与任务领域扩大，其功能也将多样化，从当前信息支持辅助作战，向成为执行火力打击任务的主战装备拓展。

（中国航天科工集团第三研究院八三五九所　邓春）

美国人工智能国家安全委员会《最终报告》

2021年3月1日,美国人工智能国家安全委员会召开线上全体会议,正式通过了《最终报告》,这份报告是委员会为美国在人工智能时代遏制中国并赢得竞争而提出的战略方针和行动路线图。

一、背景情况

随着人工智能在各领域应用规模不断扩大、复杂性不断增强,美国越来越多地关注这一领域的国际竞争,尤其要防止中国取得对人工智能的全球领导权。2019年,美国国会研究处明确表达了这一观点:"中国是美国在国际人工智能市场上最雄心勃勃的竞争对手。"美国政府一直把中国在人工智能领域的进步视为争夺世界领导权的战略竞争,严密关注中国的人工智能发展动向,竭力防止中国获得人工智能领域的领先地位。

2018年8月,美国人工智能国家安全委员会(NSCAI)正式成立,其使命是直接向美国总统和国会提出建议,推动人工智能、机器学习和相关技术的发展,全面解决美国的国家安全和国防需求问题。

二、主要内容

《最终报告》的主报告分为"在人工智能时代保卫美国"和"赢得科技竞争"两大部分，提出顶层结论和建议；附录《行动蓝图》详细描述了美国政府为落实建议应采取的措施。

应对新兴威胁。报告认为人工智能应用正在改变现有威胁，创造新的各种威胁，新威胁使美国的竞争对手得以进一步利用美国开放社会的漏洞。虽然人工智能和自主武器系统可能带来巨大的军事优势，但美国必须采取措施降低随之而来的战略风险。

为未来战争做准备。报告认为如果在军事任务中不加速采用人工智能，美军可能会在未来 10 年内丧失军事技术优势，需要自上而下的领导与自下而上的创新相结合，将与作战相关的人工智能应用程序落实到位。报告对美国国防部提出两方面建议：一是为 2025 年前人工智能的广泛整合奠定基础。包括建立公共的数字基础设施，发展有数字素养的员工队伍，建立更加灵活的采购、预算和监督流程，还需要从军事系统中剥离智能程度不足的作战装备，转而投资下一代装备能力。二是 2025 年实现军事人工智能准备就绪。国防部现在必须采取行动，推动组织改革，设计创新的作战概念，为准备就绪设立绩效目标和相应的衡量标准，并确定联合作战网络架构，优先投资支持未来军事能力的人工智能研发领域。准备就绪还包括促进与盟国和合作伙伴人工智能的互操作性。图 1 所示为 NSCAI 为美国国防部实现人工智能就绪状态提出的建议。

人工智能和自主武器风险管控。人工智能将使武器系统的性能和自主性达到新的水平，但也会引发围绕使用致命武器的重要法律、伦理和战略问题。只要人工智能武器使用得到指挥官或操作员的授权,自主武器系统的使用就符合国际人道主义法。国防部已经具有严格的武器审查程序,包括其自主武器系统专用协议和对人工智能道德原则的承诺,能够确保美国部署安全可靠的人工智能自主武器系统,并以合法方式使用。虽然禁止全球使用人工智能和自主武器系统既不可行,也不符合美国的利益,但在全球不受限制地使用自主武器系统,可能会增加冲突意外升级和产生危机的风险。为降低风险,美国应考虑三个方面问题:一是公开肯定美国的现行政策,即只有人类才能授权使用核武器,并寻求俄罗斯和中国的类似承诺;二是建立沟通渠道,与竞争对手讨论人工智能对危机稳定性的影响;三是制定可行的国际标准,规范人工智能和自主武器系统的开发、试验和使用。

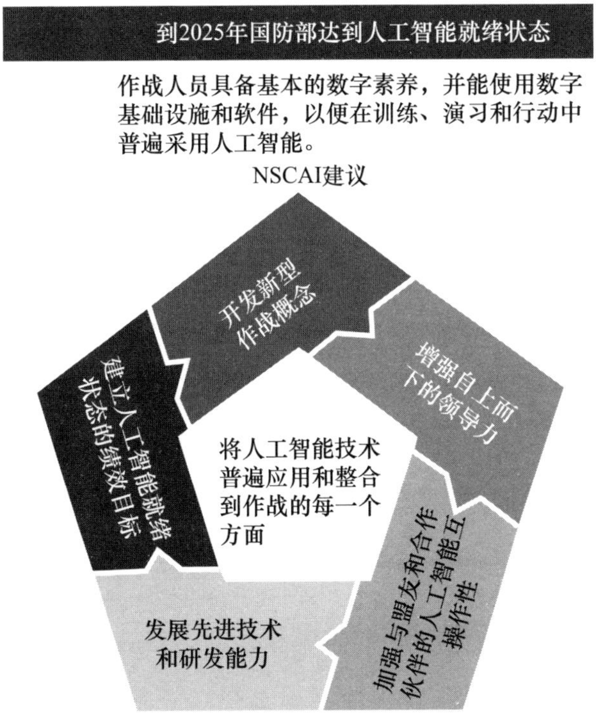

图 1 NSCAI 为美国国防部实现人工智能就绪状态提出的建议

用人工智能变革情报。情报机构应在其所有工作中融入使用人工智能能力，包括收集信息、分析信息等各方面。情报比其他国家安全任务更受益于人工智能，为利用人工智能，国家情报局局长办公室需要赋予其科研部门领导人权力和资源。情报机构应利用开源信息进行分析，并优先收集科技情报，以获得更好的洞察力，并需要创新人机结合方法，利用人工智能增强人的判断力。

引进技术人才。美国政府需要在全球争夺稀缺的人工智能以及科学、技术、工程和数学人才，对所有的人才通道进行投资，才能始终保持在人工智能领域的领先地位。美国国会应推行一项针对高技能移民的综合移民战略，通过新的激励措施和签证、绿卡及工作移动性改革，鼓励更多人工智能人才赴美学习、工作并留在美国。数字专家是美国目前最为紧缺的专业人才，他们可以为政府在采购、建设和使用人工智能及其相关技术方面做好准备。政府需要新的人才渠道，包括一所美国数字军队学院来培训现在和未来的军人，以及一个文职国家数字后备军来招募行业专家、学者和刚毕业的大学毕业生等具有适当技能的人，并建设一支数字军团来组织已经在政府服务的技术人员。

加强技术保护。报告声称，美国的技术优势正在逐渐缩小，同时竞争对手使用各种手段获取美国的知识和技术，因此美国必须重新考虑如何在不过度阻碍创新的情况下保护新设想、硬件设备与公司。美国的知识产权法律和制度应该成为维护美国国家安全利益的重要组成部分，促进经济繁荣，加强技术竞争力。美国必须采取两方面措施：一是采取建设监督和管理能力，全面实施立法改革，与盟国协调先进半导体制造设备出口管制，以及要求来自竞争国家的投资者披露更多信息等措施，加强出口管制和外国投资审查的现代化管理，更好地保护关键两用技术；二是通过向政府机构、执法部门和研究机构提供工具和资源，进行细致的风险评估，并分享威胁细节和策略信息，与盟国和合作伙伴协调研究保护工作，加强对研究机构的网络安全支持，加强签证审查以减少有问题的研究合作，将美国研究企业作为国家资产加以保护。

竞争与合作并行。人工智能和其他新兴技术正在推动更广泛的中美竞争，委员会敦促白宫成立新的机构，为美国的技术竞争力制定战略，并确定国际合作领域。美国必须与盟友合作，促进人工智能的创新和应用，打造对自身有利的国际技术秩序。

为微电子设计和制造建立富有弹性的基础。在引领微电子行业几十年之后，美国现在几乎完全依赖外国资源来生产尖端半导体，这些半导体为至关重要的人工智能算法提供动力。如果美国政府不采取一致行动，美国先进芯片的供应链将面临风险。尽管重建美国国内芯片制造业成本高昂，但现在必须采取行动，研究一项在最先进的微电子技术方面至少领先中国两代的战略，并承诺提供资金和奖励，以使美国保持具备多个尖端微电子制造来源，保证供应链安全。

加速推进人工智能创新。为保持在人工智能领域的世界领先地位，美国政府必须加大创新投入力度，统一建设国家人工智能研究基础设施，使大众更容易获取人工智能的研发资源。政府应采取措施：一是将研发人工智能的非国防经费每年翻一番，到2026年达到每年320亿美元（图2），建立国家技术基金会，使国家人工智能研究机构数量翻一番；二是建立由云计算资源、试验台、大规模开放训练数据等组成的国家人工智能研究基础设施，以及开放的知识网络，该网络将扩大人工智能的使用范围，并支持科学和工程新领域的实验；三是通过创造人工智能市场和形成区域创新集群网络，增强商业竞争力。

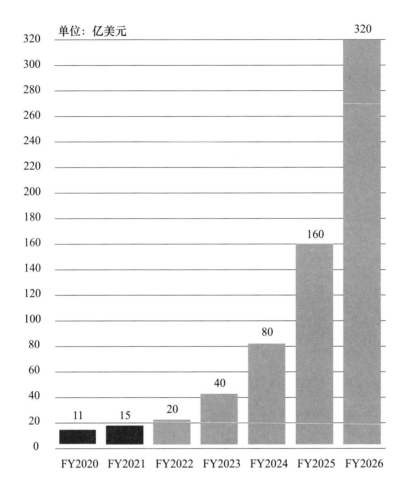

图 2　NSCAI 对人工智能研发的非国防经费投入提出建议

赢得人工智能及其相关科技领域技术竞争。美国在人工智能领域拥有领导地位还不够，更需要在科技领域拥有全面领导地位。人工智能是新兴技术的核心，不仅是使能技术，还能够激励其他领域技术创新。因此，美国必须制定一份独立、权威的技术清单，支持 21 世纪的国家竞争力，推动人工智能、微电子、生物技术、量子计算、5G、机器人和自主系统、增材制造业，以及储能技术等发展。美国在这些技术的领先地位需要在特定的平台上进行投资，以实现转型突破，并在每个领域建立充满活力的国内制造业生态系统。同时，美国政府还需要持续确定和优先考虑未来新兴技术。

三、几点认识

人工智能技术是第三次工业革命以后科技发展的技术制高点，正在成为世界经济与社会发展的核心技术，其迅猛发展将引起世界社会、经济、产业结构的深刻变革，决定未来智能化战争的胜负。

（一）加速推进智能化时代来临

20 世纪 70 年代，美军提出的"第二次抵消战略"，加速了信息技术的蓬勃发展，并引发信息技术革命，推动人类进入信息化时代。当前，特定领域专用人工智能发展取得突破性进展，但人工智能发展的整体合力仍有待进一步加强。特别是在商业领域已显著领先军事领域的现实条件下，NSCAI 的《最终报告》为加快军事领域发展、提升国家人工智能综合实力提出了方向性建议和具体可执行的措施，彰显美国已在国家层面做好快速迈入智能化时代的准备。

（二）全力维护人工智能全球领先地位

近年来，美国为保持在人工智能领域的全球主导地位措施频出。管理体系方面，美国政府部门、各军兵种先后成立了人工智能研究机构，包括国防部联合人工智能中心、能源部人工智能与技术办公室、陆军人工智能工作组、空军人工智能跨职能小组等；政策指导方面，政府、军方相继出台战略政策文件，白宫的《美国人工智能倡议》、空军的《国家人工智能研究与发展战略计划》、海军的《海军人工智能框架》、美国国务院的《关键与新兴技术国家战略》等文件陆续出台；研发应用方面，"空战演进""天空博格人"等项目稳步发展,由人工智能驾驶的无人机与有人机协同作战已在试验中取得初步成功。美军正在不断接近人工智能实战化目标。

(三)加紧遏制中国在人工智能等尖端科技领域的发展

《最终报告》表现出美国在人工智能等尖端科技领域的紧迫危机感,强调遏制中国在人工智能等尖端科技领域的快速追赶。报告全面深入描述美国在人工智能领域面临的竞争和问题,从制定远期目标、树立正确理念、规避战略风险、培养技术人才、加强国际合作等多个维度提出解决措施,更从人才争夺、技术保护、知识产权、国际秩序等方面出谋划策,试图遏制中国人工智能技术发展。报告特别提出美国要重振本土的芯片等半导体制造业,在微电子技术领域领先中国"至少两代"。实际上,2021年2月,拜登签署芯片等四种关键产品供应链100天审查行政令;美国商务部推动《美国芯片法案》,目的均是继续遏制中国芯片、人工智能等尖端科技的发展,谋求美国继续主导全球尖端科技领域的发展。

(中国航天科工集团第三研究院三一〇所 韩雨)

美国智库《具有自主功能的武器系统作战运用原则》报告解读

2021年4月28日,新美国安全中心智库发布《具有自主功能的武器系统作战运用原则》报告(以下简称《报告》),针对智能武器协同和低成本弹群协同作战等自主武器,提出作战运用原则,为自主武器新的运用提供指导。

一、背景情况

关于致命性自主武器系统的国际辩论已进行了将近10年。2012年,美国发布国防部指令(DoDD3000.09)《武器系统的自主性》,为美国军方提供了不同类别自主武器系统的定义,以规范武器系统中自主功能的开发和使用。2014年开始,联合国《特定常规武器条约》缔约国召开年度会议,讨论致命性自主武器系统的法律、道义、技术和军事应用方面的问题,直到2018年,缔约国专家组才在《特定常规武器条约》达成了一些成效,同意在决定使用武器系统和使用武力时,保留人类的责任。2020年,美国国防部采纳美国国防创新委员会《人工智能准则：美国国防部使用人工智能的伦理建议》，认为制定武装冲突中自主武器运用原则是解决争论最好的方式。

二、报告内容

《报告》围绕自主武器系统展开，阐述了其发展简史、进一步发展、新的作战原则，以及七项原则建议等内容。

（一）历史上，各类武器广泛应用自主功能，且美国国防部一直保留其使用

美国第一批大量生产的具有自主功能的武器是空投式无源声导引鱼雷，即Mk-24"菲多"，于1943年5月首次在作战中亮相，主要利用鱼雷中周围的水听器来监听、定位、跟踪、瞄准、攻击德国U型潜艇。第二次世界大战后，自主功能运用到了大量武器中，尤其是防空武器中，即半自动地面防空系统（SAGE）。此后，SAGE进行改进，可直接向"射手"提供最新信息，中间不需要人工干预。

随着技术发展，武器增加了更大的自主性。自主功能主要用于获取、跟踪和识别潜在目标；向人类操作员提示潜在目标；确定选定目标的优先次序；确定开火时间；或提供末端导引以锁定选定目标。对弹药而言，一旦由人类操作员发射，武器对其行为有一定程度的自我管理，使其能够完全自行完成一系列攻击行动，包括"发射后不管"的自主制导武器。单级发射后不管武器有Mine Mk 24鱼雷、SWOD-9 BAT反舰滑翔炸弹、AIM-9"响尾蛇"空空导弹、GPS制导武器；两级发射后不管类型包括陆军战术导弹系统（ATACMS）、"风向修正布撒器"集束炸弹等。

自主武器与半自主武器明显区别是何时被"激活"。对于半自主武器，人类选择目标或特定目标群，然后激活武器；对于自主武器来说，人类启动武器，武器选择并与目标交战。正如 DoDD 3000.09 所述，半自主武器系统"必须设计成……系统不会自主选择和攻击先前未被授权单个目标或特定目标群"；自主武器系统完全自行选择和攻击目标，这种武器对友军与盟军或非作战人员进行意外攻击的风险比半自主武器更高。自主武器分为三种类型：

一是静态搜索武器，如封装式鱼雷——深水水雷。这种武器系统放置在深水中，锚定在海底，然后启动。它有自己的上视声纳系统，无视水面舰艇，只监听潜艇的声音。水雷一旦被激活，武器系统就可以探测、分类和攻击目标，不需要人为监督或干预。

二是有界搜索武器，监视规定的搜索区域，以追捕和攻击位置不精确的目标群或目标类别，通常指巡飞武器。如"战斧"反舰导弹（TASM）和低成本自主攻击系统（LOCAAS）。雷达制导的 TASM 于 20 世纪 80 年代初部署，在生成的目标方位上向敌舰发射，并估计目标距离。在其飞行结束时，如果没有探测到目标，TASM 开启雷达搜索模式，以覆盖不确定区域，该不确定区域表征 TASM 发射后目标船以最大速度移动了多远，但 TASM 从未在战斗中使用过；LOCAAS 是在"沙漠风暴"行动后开发的，用于寻找隐藏的战术弹道导弹发射架。LOCAAS 可以飞出 70 英里（约 112 千米）远，搜索 62 英里^2（约 160.58 千米^2）的杀伤区，并摧毁发现目标。针对距离较近的目标，LOCAAS 可以搜索更大的区域。尽管 LOCAAS 成功开发并成功测试，但从未投入使用，因为国防部担心意外交战的风险太高。

三是人类监管的自主武器系统。一旦启动就能自行选择和攻击目标的系统，但在设计上允许人类操作员在意外交战风险过高时停止其操作。如"爱国者"防空反导系统和用于舰艇空中和导弹防御的宙斯盾作战系统。

开发和使用自主武器一直很谨慎,并有意限制以下两个方面:一是被设计成只攻击特定类别的目标;二是自主武器的搜索参数受到其分配的搜索区域的大小和授权搜索时间的限制。

(二)应用人工智能技术改进的自主武器,其辨别能力上不断提升

DoD 3000.09 强调人的判断能力,主要目的是"尽量减少自主和半自主武器系统发生故障的概率及其造成的后果",这些故障可能引起的意外交战。避免意外交战是指挥官考虑的高度优先事项。武器系统的自主功能主要作用是提高传感器和武器的精确度;非制导武器一旦错过了目标,在射程范围内脱靶量迅速增加。第二次世界大战中,由于非制导武器的准确性差,需要大量投弹装备,造成的附带伤害也很大。制导弹药可以小型化精确齐射,大大减少了附带损害。此外,精度提高使较小的弹头也能达到预期效果,从而减少更多的附带损伤。

应用人工智能进行改进有四个方面的好处:一是有效提高武器间的协同能力。智能化协同武器发射后可以共享目标信息并自主协同打击行动。发射协同武器有助于迷惑、压倒或躲避敌人的防御,并及时填补战损武器;而且小型、低成本弹群协同攻击,将给防御方带来困难。二是有助于保存"弹药储存量",对保存部队整体效能和远征作战持久力至关重要。三是人工智能使自主武器目标识别错误降低,有助于减少意外交战。阿富汗战场上 50% 的错误识别主要是由于人为误判造成的。人工智能技术的改进有助于信息融合和处理数据,减少目标误判。四是人工智能技术改进自主识别和末端制导,极大地改善目标的识别和辨别,使对美国部队、盟友、非作战人员、民用设施的意外攻击减少。

美国一直关注验证自主武器系统的作战可靠性和安全性,正在通过改进其测试、评估、验证和核实程序,提升安全性和防范安全漏洞。同时,防止对人工智能期望过高,因为目前人工智能在面对意外情况或变化的环境时很脆弱,因此,改进训练和理解人工智能武器系统能力和限制是必要的。

此外,DoDD3000.09并没有强制规定人在回路中或在回路外的控制方案,只是制定了普适的政策和内部管理程序,供高级领导人批准或拒绝使用新的自主武器。人类对武器交战的结果负责,并不要求也不应该要求人类对杀伤链的每一步进行监督。

(三)随着自主武器不断发展,需要新的作战运用原则

DoD3000.09发布以来,人们对自主功能和人工智能应用于武器系统的理解已相当成熟,关于致命性自主武器系统的辩论也更加尖锐和广泛。现在时机已经成熟,国防部可以通过努力制定自主武器的使用规范来展示其领导力。需要专门的指导原则,确保武器设计满足"人类对其使用时作出适当程度的判断",DoDD 3000.09没有深入研究人类决定使用自主武器与其后续行动之间的联系。

(四)提出七项原则建议,供国防部指导自主武器运用

一是使用任何自主武器系统,均必须由负责任的人类指挥和控制链来指导和监督。这个链条必须规定任务目标、方法、交战规则、特殊指示和明确的限制,以确保所有武器的使用,包括任何具有自主行为的武器,在符合战争法、政策、适用的条约、武器系统安全规则、道德伦理和交战规则的同时,满足任务目标。

二是发起一系列行动的决定,包括可能因使用武力而造成人命损失的自主行动,是人类意图和判断的唯一领域。无论由人类还是机器来主导所有行动,特别是与使用武力有关的行动,也包括启用自主武器系统的决定,均必须由负责任的人类指挥和控制链来管理,因为自主系统可以在没有人类干预的情况下选择和攻击目标。

三是任何情况下，人对使用武力的决定的责任都不能转移给机器。人类对战争的法律义务负有责任，如攻击的区分、相称性和预防。武装冲突法不会对武器作法律规定。相反，必须遵守战争法的是人。

四是为了对攻击特定目标的合法性做出有效判断，任何授权使用、指导使用或操作自主武器系统的人都必须掌握该系统的预期性能和能力、使用原则、预期目标、环境和使用背景（如交战区存在非作战人员）的充分信息。为了让指挥官和操作员了解武器系统在实际作战条件下的功能、能力和限制，必须具备明确的原则、战术、技术和程序。

五是一旦人类启动了一系列以使用致命武力结束的行动，自主武器系统可以在没有人类监督的情况下自行完成这一系列行动，但需要在法律、道德，授权的操作、空间和时间范围内，自主探测、分类和攻击由人类操作者指定的目标或特定目标群。

六是只要武器系统对目标的选择和交战是在人类的合法决定下发生的，就符合人类对使用致命武力的判断标准。一旦人类决定使用，与当前使用自主武器系统类似，直接控制交战序列中每一个步骤是不切实际的，并会给操作人员带来不必要的负担。因此，人类在回路或者回路上的控制计划是自由裁量的，不是强制性的。

七是指挥官如果获得证据表明自主武器系统可能以违反预期性能、战争法、政策、适用条约、道德伦理和交战规则的方式运用，必须对意外交战进行调查，但不包括有缺陷的武器、对故障模式测试不足、操作员错误/武器使用不当、操作员培训不力、错误的情报、目标识别错误、武器故障或对手采取黑客攻击和欺骗手段等情况。

四、几点认识

(一)美国将继续运用自主武器系统

《报告》认为几乎所有武器都具有自主功能,与我们平时的认知不同,尤其是自主武器(普遍认为具有高智能的武器才能称为自主武器);此外,美国自主武器系统已经在作战中安全和可靠地使用了 80 年,它们在未来将继续运用。事实上,自主武器系统采用人工智能技术,在作战时更有辨别能力,能够减少意外交战,这符合国际人道主义法律。

(二)美国通过 TEVV 协议和法律审查方式减少人们对自主武器使用的担心,值得关注

美国正通过 TEVV 协议和法律审查的方式,减少使用自主武器带来的武装冲突中出现的伦理、道德、法律等问题,同时加强采购程序、训练和实地演习。

(三)美国强调增加自主武器新的作战原则,可以预期其人工智能自主武器系统即将应用于战场

2020 年 2 月美国国防部发布人工智能使用原则,一年后,新美国安全中心智库极力建议国防部发布自主武器的作战原则,说明自主武器特别是武器间协同和弹群的发展,即将用于战场。尤其是自主武器典型项目"金帐汗国""空中博格""小精灵"等需要密切关注,研判其作战效果及带来的威胁。

(中国航天科工集团第三研究院三一○所 李磊)

美国国防部《实践中负责任的人工指南》报告解读

2021年11月15日,美国国防部创新小组(以下简称"创新小组")发布《实践中负责任的人工智能指南》报告(以下简称《指南》),为美国国防部、人工智能企业等提供指导,使人工智能项目符合国防部"人工智能伦理五项原则"(负责任、公平、可追溯、可靠性、可控性),并在人工智能系统开发周期每一步都公平、问责和透明。

一、发布背景

创新小组自2020年3月起,就致力于将国防部"人工智能伦理原则"与人工智能项目融合。创新小组认为,人工智能应用由不精确的问题表述、工程设计、项目管理和监控过程存在问题带来一系列道德问题,如面部识别系统中的偏见、自动驾驶致人死亡等。在此背景下,为确保人工智能技术发展与美国法律、规范和价值观保持一致,同时为国家安全利益最大化,创新小组与其他机构合作,探索了该原则在多个人工智能项目中的应用,出台该指南。

二、主要内容

（一）《指南》目标

《指南》旨在实现三大目标：①确保国防部"人工智能伦理原则"与人工智能产品和技术的规划、开发及部署全寿期各阶段融合；②有效检查、测试、验证所有项目和原型样机符合国防部"人工智能伦理五项原则"；③在不同类型项目中实施可靠、可复制、可扩展的流程。

在规划阶段，政府需求方与项目经理合作，确定其预期功能、所需资源和系统运行环境。如图1所示，该阶段工作流程重点是：①对人为驱动等解决方案已进行了评估；②评估访问权限等；③获取支持能力的相应数据（如高质量、准确、有代表性等）；④合理考虑并咨询了利益相关方、任务所有者和最终用户；⑤进行详细的风险评估和危害建模；⑥预先确定从故障系统恢复、识别或寻址系统错误的过程。

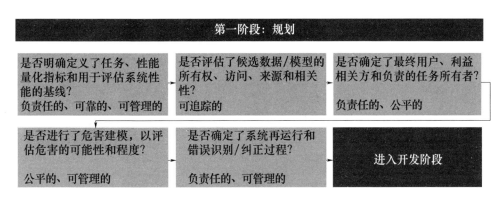

图1　规划阶段工作流程

在开发阶段，国防部和开发人员致力于构建规划的人工智能系统，如图2所示。该阶段工作流程重点是：①减轻数据或模型操作的潜在负面影响；②确定部署后监测衡量标准和指标；③明确对能力进行变更的权限；④使用户能够了解每个系统输出是如何产生的；⑤规划日常系统审计。

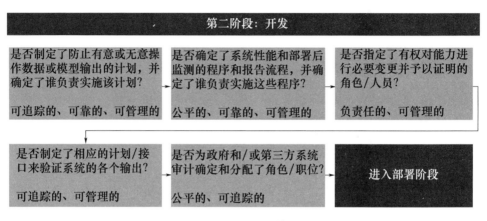

图2 开发阶段工作流程

在部署阶段，国防部或开发人员在作战环境中使用人工智能系统。如图3所示，这一阶段指南确立评估程序，并且确保在人工智能系统的全生命周期中持续执行，其工作流程重点是：①持续进行任务和数据确认，以确保最初任务说明和数据输入仍然有效和安全；②开展功能测试，以评估该

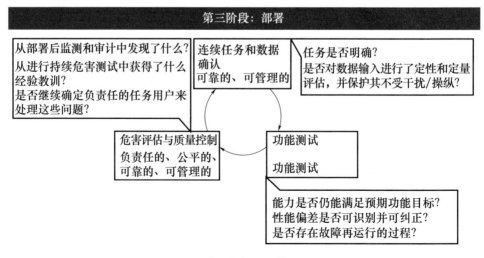

图3 部署阶段工作流程

功能是否仍能充分执行预期任务，从而有效运行；③开展危害评估和质量控制，以确保不断重新评估，并在必要时减轻对利益相关方的潜在负面影响。

（二）案例研究

1. 预测健康案例

预测健康项目由创新小组、联合人工智能中心、国防卫生局等部门合作开展，旨在将机器学习能力引入军事治疗设施中。预测健康项目有两个分支功能：数字病理学和放射学。预测健康案例重点分析指南在放射学中的应用，并强调案例在人工智能生命周期的重要成果：一是对测试和评估计划各部分进行了若干改进；二是该项目团队利用政府和行业经验，提高团队管理人工智能项目的能力。

在规划阶段：①评估任务、度量和标准。机器学习模型识别最可能需要对病例进行临床干预，以缩短治疗时间。因此，治疗重疾的周期是评估该系统的量化指标。②数据评估。医学成像数据应包含扫描参数、机器类型、患者人数和其他重要数据，这些信息可用于误差分析和危害建模。③考虑直接利益相关方以外人员。在评估模型输出时，除了将放射科医生确定为最终用户，患者确定为利益相关方之外，人口健康专业人员、护理环境中和周围人员被视为利益相关方。④危害建模解决小样本的域偏移问题。Enlitic 公司针对近10年18～65岁的各类美国病例患者进行测试，如果病例类别平衡变化超过2倍标准差，该模型会被重新训练或评估。⑤系统再运行。放射科医生重新回到能力工作流程前完成系统再运行，并处理实践中观察到的所有错误。

在开发阶段：美国食品与药品管理局的批准流程纳入了指南强调的多个重点领域，其中包括系统性能衡量、部署后监测、单个系统输出验证和模型更新程序。

在部署阶段：①采用数据验证，确保输入算法的数据在适当的参数范围内；②该阶段仍定期进行功能测试和危害评估。部署阶段该项目利用了公共部门和企业的专业知识，主要通过美国食品与药品管理局主持下实施的性能报告程序进行处理。

2. 对抗外国有害影响

对抗外国有害影响项目由国防创新小组、国防部和量化公司合作发展，旨在更好地支持国防部分析人员，通过分析公开信息，识别、跟踪和打击跨国犯罪集团。该项目当前处于原型阶段，未进入生产阶段。

在规划阶段：①选择模型卡用于记录机器学习模型构建和分析，选择风险卡用于记录、解释设计选择和假设。②为命名实体识别、关系提取等每个任务确定了指标，并考虑了整合多种语言、不同格式和各类媒体数据集的方法。③通过确定最终用户和利益相关方，并执行后续危害建模，确定了在能力开发期间必须解决的一些细微问题。④采用两种干预方式构建危害模型。一是提供潜在危害来源相关数据、背景作为输入构建危害模型；二是将原始数据作为系统输出，分析人员可利用模型识别源文档。⑤再运行的流程相对简单，分析人员将返回至实践中使用的工作流程。

在开发阶段：①不断测试、监测其模型，识别该模型随时间推移产生的变化；②将迭代开发过程的发现和开发中能力破坏手段的分析结果，不断集成到模型卡和风险卡中；③开发过程中的运行风险包括风险指标的选择，以及评估命名实体识别和关系提取模型部署后能否良好运行；④开展用户体验研究，以确定系统适应性，了解界面如何影响信任；⑤该团队继续讨论在实践中变更该系统权限，以及未来系统审计如何进行。

在部署阶段：虽然该项目尚未进入部署阶段，但模型卡、风险卡和其他记录文档已经为这些对话很好地设置了项目。

（三）经验教训

创新小组在实施负责任的人工智能指南时收获五点关键经验：一是花时间确定衡量指标，衡量指标决定了人工智能系统是否与人类目标一致；二是考虑技术/任务匹配，高任务风险的人工智能应用程序应与低风险技术配对，反之亦然；三是适当时纳入行业最佳实践，国防部可以借鉴商业部门在人工智能伦理开发方面的进展；四是设定客户和供应商的期望，避免对人工智能不切实际的期望；五是在文件记录上投入时间和资源，精确、说明性文件记录对保障国防部人工智能能力可行性和有效性的至关重要。

（四）结论

美国国防部与工业界、学术界、政府和民间社会的合作伙伴共同用一年多的时间对《指南》进行开发、测试和迭代，创新小组认为，当前版本的《指南》并非最终版，《指南》将定期更新、评估和迭代，最大限度推动人工智能技术符合基本伦理原则。

三、几点认识

（一）美国将伦理原则转化为可衡量的指标，保障国家安全的同时实现利益最大化

《指南》针对具体应用场景，将系统开发的审查流程落实到多个案例研究中，解决具体问题，制定了针对性、可操作的监测方案。这是伦理体系中非常重要的部分。《指南》应用于人工智能系统的设计、开发和部署阶段，建立可信任的人工智能约束框架；确保各方广泛参与和沟通；保证人工智能系统的可解释性；加强对人工智能系统的测试和验证；加强人工智能在军事、情报和国家安全方面的作用。

(二)《指南》通过多元主体参与、协同共治的方式，构建负责任的人工智能架构

美国国防部通过多元主体参与、协同共治的方式，依赖政府机构、行业组织、企业等各利益攸关方的参与合作，以适当的角色、最佳的方式协同开发，构建负责任的人工智能系统开发流程。《指南》侧重于在产品全生命周期中制定政策和流程，作为人工智能开发和部署的监控手段。最终实现与人工智能系统的用户、作战人员和美国公众建立信任关系，即国防部支持人工智能的系统将是安全的，并将遵守伦理标准。

（中国航天科工集团第三研究院三一〇所　赵倩）

附 录

2021年自主系统与人工智能领域科技发展十大事件

一、美国空军"天空博格人"项目完成多次试飞

2021年,美国空军"天空博格人"(Skyborg)项目研发的自主控制系统配装不同型号无人机完成多次飞行试验。4月,配装自主控制系统的UTAP-22"灰鲭鲨"无人机完成首飞(图1),在试飞中演示了响应导航指令、遵守虚拟作战空间限制、实施协调机动等能力;6月,配装自主控制系统的MQ-20"复仇者"无人机成功完成飞行试验,证明该系统可与不同的无人机进行集成;10月,美国空军使用两架MQ-20无人机对自主控制系统进行飞行试验,在演示编队架构的同时验证了相互通信能力,进一步提升了技术成熟度。该项目是美国空军首批三个先锋计划之一,代表了更高的自主水平,将推动生成有人-无人协同作战体系,成为新的作战力量倍增器。

图 1　配装自主控制系统的 UTAP-22 "灰鲭鲨" 无人机起飞

二、美军海上无人作战演习验证无人系统"分布式"杀伤概念

2021 年 4 月 19 日至 26 日，美国海军首次举办了聚焦无人系统的舰队演习——"无人系统综合战斗问题 21"，旨在加快建设有人–无人混合部队，其中超视距目标指示、超视距火力打击等多项演习内容推动有人–无人协同作战能力落地（图 2）。在超视距目标指示试验中，MQ-9B 无人机投放声纳浮标，利用自动识别系统与 P-8A、MH-60R 巡逻机建立连接，通过无人机海上全球指控系统（GCCS-M）完成 link 16 数据交换，从而完成目标识别，之后，将超视距目标位置信息发送至导弹巡洋舰。此次演习为未来的造舰计划造势，通过无人系统"分布式"杀伤概念，将舰队化整为零，在前线部署大量带有传感器的无人节点侦察目标引导火力，以应对敌方打击体系。

图2 MQ-9B"海洋卫士"无人机与"独立号"航空母舰在演习中

三、美国国防部公布"人工智能与数据加速"计划

2021年6月22日,美国国防部启动"人工智能与数据加速"(ADA)计划,旨在快速推进"联合全域指挥控制战略"的实施(图3)。国防部将向美军11个联合作战司令部派遣"作战数据小组"和"人工智能专家小组",通过一系列与"联合全域指挥控制"等概念相关的试验或演习,在不断迭代中持续获得新的人工智能和数据能力。ADA计划主要包括3项措施:一是建立"作战数据小组",改进联合作战司令部的数据管理;二是建立"人工智能专家小组",改进联合作战司令部的工作流程;三是利用试验与演习收集信息,改进网络基础设施并消除政策障碍。ADA计划将逐步加深美军对人工智能的理解,增进美军对人工智能技术的信任,推动美军人工智能从实验室走向战场。

图 3　ADA 计划将迅速推进"联合全域指挥控制"概念落地

四、英国在演习演练中大量使用人工智能技术

2021 年 5 月,在"强大盾牌"防空反导海上实弹演习中,英国海军首次使用人工智能软件。演习中,"兰开斯特"号护卫舰和"海龙"号驱逐舰部署了可对抗超声速导弹的"惊奇"与 SYCOIEA 人工智能系统(图 4),"惊奇"系统通过提供实时建议和警报,提高早期发现威胁的能力,减轻船员监控空情图的负担,而 SYCOIEA 系统在此基础上进行威胁评估武器分配,提供应对威胁的最佳武器建议。5 月至 6 月,在"春季风暴"多国军演期间,英国陆军首次使用人工智能工具。该工具具有先进的自动化和智能分析能力,可快速处理大量复杂数据,提供有关战场环境和地形的有效信息,使陆军合理规划作战行动。英军正在利用人工智能加紧建设适应未来威胁的能力,向高度自主的未来战争迈出了第一步。

图 4　"海龙"号驱逐舰在演习中发射"海蜂蛇"导弹

五、以色列宣称完成世界上第一场"人工智能战争"

2021年5月，以色列国防军高级官员宣称同哈马斯武装力量的冲突是世界上第一场"人工智能战争"，人工智能首次成为打击敌人的关键组成部分和力量倍增器。在冲突中，面对藏匿于加沙地带巴勒斯坦民众聚集区内的哈马斯武装目标，以军使用"炼金师""福音"和"智慧深度"等智能软件，利用人工智能辅助空军分析情报数据并制定打击计划（图5），成功对加沙深处的哈马斯目标进行空袭，杀死至少100名哈马斯高级特工，摧毁多处军事基础设施。人工智能在此次冲突中为提升情报分析能力，快速高效处理战场问题提供了支撑，展现出了改变战斗进程的能力。

图 5　以色列使用无人机对加沙地区进行情报、监视与侦察

六、美国人工智能芯片研发取得重要进展

2021年1月，美国斯坦福大学在 DARPA "电子复兴计划"项目支持下，开发出兼具存储与数据处理功能的"存算一体"深度神经网络推理系统，能够高速、低功耗执行人工智能计算任务，为类脑计算、虚拟现实等前沿技术领域奠定基础，使得高集成度、高性能的芯片技术成为智能化装备的研究重点。2月，IBM 公司宣布开发出世界上首款采用7纳米晶体管技术的四核人工智能加速器芯片（图6），可支持多种人工智能模型，并达到领先的电源效率水平，更快执行复杂的人工智能算法，该芯片是全球首款超低精度混合8位浮点格式硅芯片、智能芯片制造技术持续提升，将有效推动军事装备的信息化、数字化、智能化建设。

附录

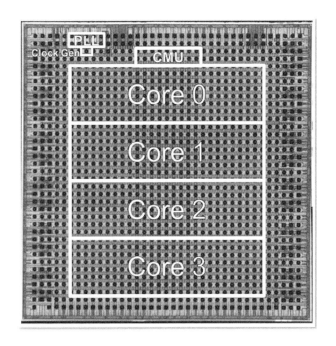

图 6　IBM 公司展示首款 7 纳米高效人工智能芯片

七、DARPA 启动多个项目推动人工智能基础研究

2021 年 5 月，DARPA 启动"计算文化理解"项目，寻求开发自然语言处理技术，以识别、适应并建议如何在不同社会、语言情感、社会和文化规范内进行作战，以提高国防部作战人员的态势感知能力以及与不同国际受众进行有效互动的能力（图 7）。同月，DARPA 启动"像素智能处理"项目，试图降低人工智能视频处理的复杂性并提高其效率，以使高端视觉传感技术与嵌入式计算硬件能够在战场上一起使用。8 月，DARPA 启动"学习内省控制"项目，旨在开发基于机器学习的内省技术，使系统在遇到不确定性或意外事件时能够调整其控制规则，并在确保连续运行

的同时将这些新情况传达给人类或人工智能操作员。通过上述项目，DARPA 正在夯实人工智能基础研究，同时为人工智能的军事应用开辟多个方向。

图 7　DARPA 通过"计算文化理解"等项目推动人工智能基础研究

八、美军推进反无人机人工智能技术应用

2021 年 7 月，美国国防部创新单元选择安杜里尔工业公司为军方提供反无人机系统能力（图 8），安杜里尔的 Lattice 人工智能操作系统和传感器网络可自动检测、分类并跟踪目标。根据协议，美国陆军、海军、空军和海军陆战队均可购买反无人机解决方案，安杜里尔将对客户购买的系统进行管理和维护。8 月，美国国防部授出合同用于开发人工智能驱动的综合反无人机解决方案，该系统集成了雷达、光学和电子战传感器，利用人工智能、机器学习和传感器融合技术，自主识别、跟踪并打击无人机，以保护敏感环境中的部队和关键基础设施，确保重大活动安全。美军积极发展人

工智能驱动的反无人机系统,以期在反无人机领域实现军事领先,提升作战效能。

图 8　安杜里尔公司的反无人机系统

九、美国采用人工智能技术对抗网络威胁

2021 年 11 月,美国国防信息系统局宣布将人工智能技术用于防御性网络行动,正在组建首席数据官办公室,以便对拥有的所有数据资源进行编目和理解,然后应用人工智能和机器学习来防御网络攻击者(图 9)。在 2021 年 1 月至 9 月期间,美国国防部 1.75 亿互联网 IP 地址(该量级为全部互联网 IP 的 4%)控制权被秘密转移,称用于网络安全试点计划,综合分析判断其用于 DARPA "利用自主性对抗网络攻击系统"(HACCS)项目实验,该项目主要利用人工智能、可信计算等技术,开发"自主软件智能体",用于自主抵消僵尸网络攻击和大规模恶意软件活动。

美国正逐步将人工智能工具用于数据处理自动化，应对不断出现的网络威胁。

图 9　美国采用人工智能技术对抗网络威胁

十、美国空军启动基于人工智能和机器学习的认知电子战项目

2021 年 9 月，美国空军启动"怪兽项目"，将人工智能和机器学习应用于未来的认知电子战系统，以帮助作战飞机突防具备多频谱传感器的导弹和防空系统（图 10）。该项目旨在开发可以迁移到战场系统中的人工智能和机器学习技术，并依托开放系统标准、敏捷软件算法开发和过程验证工具，计划推进 9 项主要任务，包括认知电子战大数据研究、软件定义无线电研究、多频谱威胁对抗等。"怪兽项目"将利用人工智能技术检测来袭导弹，跟上敌方导弹制导模式的变化并迅速采取干扰措施摆脱锁定，为加油机等高价值平台开发有效的对抗设备，使得美国空军战斗机航程可以覆盖到西太平洋地区。

图 10 "怪兽项目"旨在协助作战飞机突破防空系统

2021年自主系统与人工智能领域科技发展大事记

美国设立国家人工智能倡议办公室 1月，美国白宫科技政策办公室（OSTP）成立了国家人工智能倡议办公室，该办公室负责监督和实施美国的国家人工智能战略，并将其作为联邦政府在人工智能研究和政策制定方面的协调与合作中心，以及与私营部门、学术界和其他利益相关方的协调与合作。

新美国安全中心发布《人工智能与国际稳定：风险和建立信任措施》报告 1月，新美国安全中心（CNAS）发布《人工智能与国际稳定：风险和建立信任措施》报告。报告认为人工智能的应用可以塑造战争的未来特征，将会给国际稳定带来重大风险。为了降低多种风险并促进国际稳定，防止无意冲突的共同利益，探讨了建立信任措施（CBM）的潜在用途，制定信息共享，并可告知人工智能系统的标准，降低无意冲突的可能性。

美国战略与国际问题研究中心发布《保持情报优势：通过创新重塑情报》报告 1月，美国战略与国际问题研究中心发布《保持情报优势：通过创新重塑情报》报告，提出人工智能、云计算、先进传感器和大数据分析等新兴技术，将改变情报界评估全球威胁的性质以及准确检测和评估这些威胁的能力，情报界必须适应新的人工智能时代，以提升自身完成核心使命任务的能力。

沙特阿拉伯将人工智能作为其 2030 年愿景的基石 1 月，沙特阿拉伯数据和人工智能管理局发布了一项多阶段战略，旨在到 2030 年使沙特阿拉伯成为人工智能领域的全球领导者。

以色列埃尔比特公司成功演示人工智能火力支援系统 1 月，以色列埃尔比特公司向西欧 8 个国家演示了"哈托利克斯"人工智能火力支援系统。该系统的任务计算机运行专有软件、摄影测量算法和实时指挥与控制数据的增强现实覆盖，可将地理信息系统数据库、预装的目标数据以及指挥控制等信息进行自动融合，使作战人员能直观地发布一类目标信息，并将新获取到的额外信息无缝纳入任意战斗管理系统，有效提升了战术层面目标获取。

韩国展示高速超低功耗的 CMOS 兼容 3－D 铁电存储器 1 月，韩国浦项科技大学团队展示了一种 CMOS 兼容的 3－D 铁电存储器，其运行速度、功耗和可靠性均超过传统闪存。二氧化铪材料和结构保证了低功耗和高速度；采用氧化物半导体作为沟道材料，可降低工艺温度，抑制多余界面层的形成，实现高稳定性。该技术不仅适用于下一代存储器，也适用于超低功耗、超高速、高度集成的通用内存和内存计算，对未来人工智能和自动驾驶汽车等行业至关重要。

德国亨索尔特公司提升传感器融合产品能力 1 月，德国亨索尔特公司宣布收购奥地利 Sail 实验室，以启动自动传感器处理领域的工作，这是"未来作战空中系统"（FCAS）等项目的关键能力。亨索尔特公司希望借助 Sail 实验室的算法，实现自主学习的传感器网络，在现实世界和网络空间作战中，协助人类进行从监视到瞄准的一切工作。

可解释的人工智能将用于传感器融合研究　1月,美国空军与纽约的智造公司签订第一阶段小企业创新研究合同,研发传感器融合解决方案,以满足多域指挥与控制、作战管理与通信任务的关键要求。该公司计划使用一种可解释的、实时学习的人工智能解决方案来缓解数据采集、融合、分析和分发方面的滞后问题,其人工智能软件提供了可信的实时预测,使战区内外的决策者能够获得即时可操作信息。

美国公司在无人机上部署人工智能网络安全系统　1月,美国人工智能公司SparkCognition和无人机空域管理公司SkyGrid宣布合作,将直接在无人机上部署人工智能支持的网络安全产品,保护无人机在飞行过程中免受"零日漏洞攻击"(在发现软件漏洞的当天发起的网络攻击)。SparkCognition公司的网络安全产品与SkyGrid公司的空域管理系统集成,可部署在无人机上,即使在网络连接受损或不存在的情况下也能发挥作用,由人工智能提供保护无人机的空域管理系统。

欧洲议会通过禁止发展和使用致命性自主武器系统的报告　1月,欧洲议会以压倒性优势通过一份关于禁止发展致命性自主武器系统的倡议报告。该报告由法国的欧洲议会成员提起,强调"人工智能只能是用于协助决策或采取行动的工具","人工智能技术不能替代人类决策","人类操作员必须能够在无法预料结果的情况下纠正或禁用人工智能系统"。

埃尔比特公司将为英军提供未来可拆卸联合火力集成系统　1月,英国国防部选择埃尔比特英国分公司为其提供可拆卸联合火力集成(D-JFI)系统。该系统基于人工智能技术,集成了作战管理应用程序、用于生成无法探测的高精度目标的HattorixTM系统、用于增强昼夜目标捕获的多光谱光电有效载荷以及激光指示器等。D-JFI将与英国陆军、空军和海军陆战队的无线电通信系统连接,使目标信息在英国和盟军部队中快速、安全传输,快速准确地提供火炮和近距离空中支援。

美国国防部举办第二届人工智能对话活动 1月,美国国防部联合人工智能中心(JAIC)举办了为期两天的第二届人工智能对话活动,探讨了人工智能产品生命周期中数据的重要性以及道德和安全措施的应用。与会者讨论了人工智能的数据成熟度,分析了各种应用场景,验证了关键问题并提出了可以推动基于人工智能的互操作性的方法。

城堡防御公司将向美军交付人工智能反无人机系统 2月,城堡防御公司获得美军合同,将为其研发以人工智能射频技术为基础的反无人机系统Titan。研发Titan系统的目的在于:当军队无法部署多传感器系统的时候,该系统能保护军队与一些高价值资产免受无人机活动与机群的影响。Titan系统虚警率低,能够大范围抵御威胁因素,可充当射频防御层。

军事云2.0将利用机器学习和网络传感加快创新速度 2月,通用动力信息技术公司宣布,将通过军事云2.0合同提供亚马逊网络服务(AWS),为美国国防部任务合作伙伴提供扩展的安全云服务组合。军事云2.0旨在使美国国防部和国防信息系统局能够通过单一合同加速云技术采用,简化采办流程,实现成本节约,提高任务效率。

以色列展出SPICE 250人工智能增程型炸弹 2月,以色列拉斐尔公司在2021年印度航展上展出了SPICE 250增程型(ER)炸弹。SPICE 250 ER具有改进自动目标识别(ATR)、自动目标截获(ATA)和动目标检测等功能,作战效能大大提升。其ATR功能采用先进的人工智能和深度学习技术,可在攻击前有效识别特定目标特征;通过ATR/ATA功能集成,正确探测/识别/瞄准目标,实现精确打击。

美国联合人工智能中心推进"信风"计划 2月,美国国防部联合人工智能中心(JAIC)发布公告称,授予印第安纳创新研究所(IN3)一份协议,以构建并管理一个在线门户网站,促成国防部对人工智能能力的快速采购和敏捷交付。在线门户原型将通过"信风"创建,"信风"是专为人工智能采购创建的业务模型,旨在让初创企业和学术机构直接与政府联系,使国防部更容易购买商业可用技术,并将其作为"协作生态系统"的一部分。

美国国防部考虑在没有人工干预的情况下作出人工智能决策 2月,美国国防部联合反无人机系统办公室负责能力和要求的部门主管马克·佩利尼上校表示,美军正在寻找一种方法,允许人工智能在必要时可以无须直接人工干预作出决策。美国国防部认为,这一方法将显著加快应对敌方无人机蜂群威胁时的军事行动速度。虽然军队目前仍不允许没有人工干预的人工智能决策,但蜂群威胁的上升导致了关于潜在替代方法的讨论。

美国陆军对"火力编织者"进行作战评估 2月,以色列拉斐尔公司与美国陆军在"远征勇士试验21"中演示了"火力编织者"系统。"火力编织者"是一种人工智能使能的传感器到射手和战场态势感知系统,设计开放且模块化,其应用程序与现有作战管理系统兼容,可在GPS拒止环境中通过增强的态势感知提升地面作战能力。

阿联酋公司展示国产智能巡飞弹 2月,阿联酋边缘公司在2021年阿布扎比国际防务展上展示了其研制的多型智能巡飞弹。其中,QX巡飞弹家族由四种型号组成,包括微型的QX-1、微小型的QX-2、小型的QX-3和具备垂直起降能力且配备固定翼的QX-4。这些巡飞弹装有人工智能算法用于瞄准和攻击,命中精度达到1米,与同级别的激光制导弹药相当,能够在各种环境和地形中发射。

以色列公司和矩阵防务公司共同设立人工智能中心 2月,以色列航宇工业公司与矩阵防务公司宣布合作创建一个人工智能中心,研发基于人工智能、机器学习和大数据技术的自动目标识别解决方案，并集成到前者的卫星与空间系统、防御/攻击系统、导弹、导引头、光电有效载荷和其他系统中。

美国人工智能国家安全委员会发布《最终报告》 3月，美国人工智能国家安全委员会通过《最终报告》，这份报告是委员会为美国在人工智能时代遏制中国并赢得竞争而提出的战略方针和行动路线图。主报告分为"在人工智能时代保卫美国"和"赢得科技竞争"两大部分，提出顶层结论和建议，附录中《行动蓝图》则详细描述了美国政府为落实建议应采取的措施。

美国空军准备开发下一代无人机空战技术 3月，美国空军发布开发MQ-Next下一代无人机机载移动目标指示传感器、态势感知装备等高价值防护设备的信息征询书，要求这些防护装备"必须采用数字工程技术开发、由开放式任务系统部件构成、具有机器学习能力、能够人工智能操作，可进行图像边缘检测并具有一定的自主性"，同时要求在对抗环境中，MQ-Next无人机态势感知传感器或传感器网络要具有"早期预警、火力控制级跟踪和判断敌方空战行动"等功能。

俄罗斯开始生产采用人工智能元件的战斗机结冰传感器 3月，俄罗斯国家技术集团下属的机械制造技术公司已开始批量生产采用人工智能元件的结冰传感器，这些传感器将安装在最新型战斗机上。该传感器不仅可以发出开始积冰的信号，而且还能在人工智能元件的帮助下预测结冰厚度情况，保护战斗机免受不利天气因素的影响。

美国海军发布《无人作战框架》 3月，美国海军和海军陆战队发布《无人作战框架》报告，阐述了无人系统的使命任务，目前的发展水平以及未来展望，并提出了无人作战的五项目标。框架强调为支持上述目标需重点投资网络、接口、控制系统、基础设施、人工智能以及数据资源等领域。

美国陆军提出"决策优势"概念　3月，美国陆军高层提出了"决策优"的概念，并将其视为陆军战胜对手的关键。"决策优势"指的是指挥官能够比任何对手更快、更有效地感知、理解、决定、行动和评估的能力。实现决策优势的关键是速度、射程和聚合。速度不仅指物理速度，也包括基于人工智能的认知速度，后者可以帮助指挥官更快、更明智地作出决策。

欧洲公司推出移动自主反无人机系统　3月，欧洲Milrem机器人公司和Marduk技术公司合作推出移动自主反无人机（C–UAS）系统，可用于反制巡飞弹和监视无人机。该系统由光电C–UAS平台和无人地面车辆组成。移动式C–UAS平台可与动能和非动能武器系统集成，也可与雷达、射频探测器、干扰器、激光等不同传感器、效应器集成，利用人工智能和机器学习模型，准确探测、分类和瞄准巡飞弹和其他飞行物。

美国能源部投资研发可进行数据分析的机器学习工具　3月，为帮助研究人员更好地分析从实验中收集到的大量数据，美国能源部投入2900万美元，用于研发新的机器学习工具以及先进算法。科学设施、仪器与高性能计算模拟会产生万亿字节的数据，先进的机器学习工具可以识别人类无法发现的数据模式，速度比传统的数据分析技术还快了数千倍。

美国空军将为Hyperion人工智能平台开发大规模通知功能　3月，Geospark Analytics公司获得美国空军的合同，为其Hyperion军事平台开发海量通知功能。Hyperion平台旨在提供态势感知和人工智能驱动的全球风险预测，其人工智能引擎可以分析公开的流媒体信息，识别活动级别的异常现象，评估稳定性，并预测未来风险。Geospark Analytics公司称将纳入一项大规模通知技术，实现人工智能驱动的风险和威胁大规模通知，以加强国防部的安全和态势感知。

英国国防科技实验室设立未来技术探索部门　3月，英国国防科技实验室宣布设立"探索部",从事识别和加速国防与安全领域变革性技术、系统、概念和战略开发等工作。探索部将应用人工智能和数据分析来扫描量子传感或量子密码术、神经形态计算等变革性技术的前景,选择其中最有希望的变革性技术进行孵化,构想全新的系统。

美国北方司令部开展"全球信息主宰演习"　3月,美国北方司令部主持开展了"全球信息主宰演习"Ⅱ,美国所有11个联合作战司令部均参与其中,演示了人工智能和机器学习技术对信息主宰、态势感知以及实时决策的效能提升。

美国联合人工智能中心寻求数据准备服务　3月,美国国防部联合人工智能中心发布"人工智能开发数据准备"(DRAID)项目征询书,希望业界协助国防部各部门准备用于人工智能的军事数据。DRAID项目的服务涵盖了整个人工智能数据准备生命周期,从数据摄取、标记,一直到模型训练开始前,通过提供一个方便获取的路径来访问所需的尖端商业服务,协助国防部和政府用户准备用于人工智能应用的数据。

美国海军寻求开展平流层情报、监视与侦察行动的解决方案　4月,美国海军和中央司令部开展联合招标,寻求利用人工智能和机器学习增强平流层情报、监视和侦察(ISR)行动无人机系统使用的解决方案。该计划将重点关注平流层气球或太阳能无人机平台的使用。

美国空军利用人工智能技术提高战备程度　4月,美国SGS公司宣布其通过小企业创新研究计划赢得了美国空军合同,SGS公司将利用商业和人工智能技术研究机器学习的应用,以提高备战的各个方面,包括人力规划和决策优化。

美国联合人工智能中心开发"联合通用结构"　4月,美国国防部联合人工智能中心(JAIC)正在开发一种"联合通用结构",由各种人工智能开发平台组成。目前JAIC的主要工作之一就是将多个开发平台整合到一个平台结构中，将运行和开发环境结合在一起，以便轻松地将数据从陆军传感器共享到空军系统，反之亦然。

美国两家人工智能公司合作支持美军地面站现代化计划 4月，美国Clarifai与Palantir两家公司建立战略合作伙伴关系，将共同支持美国陆军地面站现代化第一阶段的计划，开发战术情报目标接入节点（TITAN）系统。TITAN系统是便携式地面站，用于提供目标数据，并利用高空、低空和地面层传感器快速评估敌对威胁。Clarifai公司将提供目标检测模型以促进地面站样机设计，还将支持Palantir公司提供基于计算机视觉的人工智能最终解决方案。

欧盟发布首个人工智能法律框架提案 4月，欧盟委员会发布了首个关于人工智能的法律框架，旨在将欧洲变成可信赖人工智能的全球中心，保证人们和企业的安全和基本权利，同时加强欧盟对人工智能的应用、投资和创新。

美军人工智能领域专家呼吁国防部提升对初创企业的透明度 4月，美军多位人工智能领域专家表示国防部需要更加公开透明，与非传统国防承包商加强交流沟通，以引进初创企业的创新技术。国防部在招标时应更加准确而清晰地阐明需求，加快对小型企业的审批进程，使国防部和初创企业之间的合作保持健康的生态系统。

韩国航空航天工业公司为KF-21战斗机建设新型智能工厂 4月，韩国航空航天工业公司计划在未来五年内投资8800万美元，建设一个采用人工智能和大数据分析技术的"智能工厂"，以支持新型KF-21战斗机的生产。该智能工厂还将整合到韩国航空航天领域更广泛的自动化生产生态系统中。

美国国防部计划利用人工智能开发频谱管理技术 4 月，美国国防部发布了频谱访问研发计划的第三份原型提案需求（RPP），该 RPP 致力于开发近实时频谱管理技术，为 AWS－3 频段的现有系统提供先进的频谱管理能力，并根据作战计划和预期作战结果，利用机器学习和人工智能更高效地进行频谱分配。

美国陆军将利用人工智能作战网络进行实弹演习 继 2021 年 3 月在美国华盛顿州完成一次人工智能军事演习后，美国陆军将于 5 月前往欧洲，7 月前往太平洋进行军演，并于秋季在美国本土进行"会聚工程 2021"演习。这些演习的目标是在接近实战的条件下对人工智能算法和网络连接进行压力测试，通过在现实条件下对人员、电子设备和算法进行测试，陆军希望找出是什么减缓了杀伤链，然后有针对性地进行研发投资以使其加速。

美国智库发布《具有自主功能的武器系统作战使用的原则》报告 4 月，美国智库新美国安全中心发布《具有自主功能的武器系统作战使用的原则》报告，梳理了美军具有自主功能的武器系统的历史，表示美军下一步将通过引入改进的人工智能来支持并改进武器系统的自主功能，还给出了具有自主功能的武器系统作战使用的 7 条拟议原则。

美国国防部启动"计算文化理解"项目开发人工智能翻译 5 月，美国国防高级研究计划局提出了"计算文化理解"项目，目标是建立跨文化的语言理解服务，以提高国防部作战人员的态势感知能力以及与不同国际受众进行有效互动的能力。该项目寻求开发自然语言处理技术，以识别、适应并建议如何在不同社会、语言的情感、社会和文化规范内进行作战。

美国陆军为全域作战创建人工智能研发通用平台 5 月，为了避免为每一个新项目从无到有地开发人工智能系统，陆军人工智能工作组（AITF）与卡内基梅隆大学、VISIMO 公司合作，共同创建了一个包含可重复使用的算法、试验数据和开发工具的共享工具包，为陆军各单位提供可建立各种人工智能系统的"通用平台"。

DARPA 启动"像素智能处理"（IP2）项目 5 月，DARPA 发布"像素智能处理"（IP2）项目的招标文件，试图降低人工智能视频处理的复杂性并提高其效率，以使高端视觉传感技术与嵌入式计算硬件能够在战场上一起使用。IP2 项目旨在通过开发与像素内网格处理层相匹配的人工智能算法，将神经网络的前端引入传感器像素，并将传感器边缘的数据流注入智能传感器，从而恢复深度神经网络在功率受限传感中的准确性和可用性。

美国空军试验人工智能"机器狗" 5 月，在美国廷德尔空军基地，第 325 安全部队中队整合了 4 台"视觉 60"型四足无人地面载具原型机，即"机器狗"，这些半自主机器人可以在困难地形、恶劣条件或危险情况下提供监视能力，保卫周边安全。原型机配备了多向、热成像和红外视频功能，可基于人工智能进行威胁检测。

美国陆军批准"战术空间层"计划利用人工智能加快攻击 5 月，美国陆军批准了一项快速开发"战术空间层"的计划，将使作战人员能够使用卫星图像对超视距目标进行探测。美国陆军将把商业卫星以及其他军种和情报机构运营的卫星与陆军系统整合起来，利用人工智能技术，陆军可使用商业卫星数据来寻找目标，然后通过通信卫星将这些目标数据转移到战场上，使士兵能够向选定的目标开火。

美国人工智能国家安全委员会将召开"全球新兴技术峰会" 5 月，美国人工智能国家安全委员会宣布将于 2021 年 7 月 13 日在华盛顿主办"全球新兴技术峰会"，召集公共事务和私营企业领导人，以期通过更强有力的国际伙伴关系，共同探索促进繁荣、安全与创新的途径。

法国成立主营大数据和人工智能的合资企业 5 月，法国泰雷兹公司和阿托斯公司宣布成立名为"雅典娜"的合资企业，同时公布研发国家旗舰级大数据和人工智能军事平台的计划，为公共和私营领域的客户提供服务。两家公司将共同成立研究人工智能和大数据的欧洲高级研究机构，提供最佳的大数据和人工智能解决方案。

美国国防部将成立"负责人工智能工作委员会"　5月，美国国防部副部长凯瑟琳·希克斯提出建立一个由联合人工智能中心（JAIC）领导的"负责人工智能工作委员会"，代表来自各军种、联合参谋部、特种作战司令部和国防部长办公室其他几个机构。希克斯指示各部门在两周内任命代表进入委员会，呼吁JAIC在指定成员后30天内，向工作委员会提供"负责人工智能培训"，并指示委员会在90天内制定初步的"负责人工智能战略和实施途径"。

英国海军在"强大盾牌"演习期间测试人工智能反导能力　5月，英国海军首次在"强大盾牌"防空反导海上实弹演习中采用人工智能软件测试反导能力。演习中，英国海军在"兰开斯特"号和"飞龙"号上测试Startle人工智能与Sycoiea机器学习应用程序。Startle人工智能系统旨在减轻船员在指挥室中监控空情图的负担，并能提供实时建议和告警。而Sycoiea系统在此基础上进行威胁评估武器分配，确定距离最近的威胁，并提供应对威胁的最佳武器建议。

以色列宣称完成世界上第一场"人工智能战争"　5月，以色列国防军高级官员宣称同哈马斯武装力量的冲突是世界上第一场"人工智能战争"，人工智能首次成为打击敌人的关键组成部分和力量倍增器。在冲突中，以军使用"炼金师""福音"和"智慧深度"等技术产品，以人工智能辅助空军分析情报数据并制定打击计划，成功对加沙深处的哈马斯目标进行空袭。

美国国防部 2022 财年将在人工智能技术上投入 8.74 亿美元　6 月，美国国防部发布 2022 财年预算申请文件，为人工智能相关技术申请了 8.74 亿美元预算，以增强对潜在对手的威慑，并提高计算、指挥控制以及后勤的效率。

美国国防高级研究计划局启动"重新定义可能"项目　6 月，美国国防高级研究计划局（DARPA）发布了"重新定义可能"项目的广泛机构公告，寻求隐身、人工智能和无人战斗机方面的革命性技术。DARPA 希望确定有前景的技术，并迅速将其转移到下一步研发阶段，这些技术应该提高弹性、响应性、射程、杀伤力、可获得性、耐久性和成本的可负担性，以实现新的联合部队作战理念。

美国国防部建设连接 200 家实验室与超级计算机的网络　6 月，美国威瑞森公司宣布获得国防部合同，将建设一个网络将 200 家研究实验室与超级计算机所在地连接起来。威瑞森公司将为国防研究与工程网络及其高性能计算现代化项目，提供网关、路由器、防火墙和"边缘计算"能力，使研究团队能够近实时地在一起开展大数据、人工智能、机器学习和仿真等方面的研发工作。

美国国防部公布"人工智能与数据加速"计划　6 月，美国国防部副部长凯瑟琳·希克斯公布"人工智能与数据加速"（ADA）计划，目标是迅速推进"联合全域指挥控制"等依赖于数据和人工智能的概念，通过实施一系列试验或演习来产生基础能力。

美国英伟达公司联合谷歌建立 5G 人工智能实验室　6 月，美国英伟达公司表示将与谷歌公司联合建立首个 5G 人工智能实验室，用于开发和测试 5G 通信技术在人工智能领域的应用。该实验室将利用英伟达公司的加速计算软件平台以及谷歌公司的云平台 Anthos，使企业可通过大数据和人工智能技术提高业务绩效、提高运营效率并优化安全性和可靠性。

英国陆军使用人工智能技术进行实弹演习 7月,英国陆军在北约年度大规模"春季风暴"演习中首次使用了人工智能技术。英国第20装甲步兵旅使用了可提供有关周围环境和地形信息的人工智能引擎。该引擎可快速处理大量复杂数据,为用户提供所需信息,英国陆军通过这些信息规划各自的活动和输出,改进指挥和控制流程,节省时间和精力,可以托管在云端或以独立模式运行。

美国空军将开发可组合协作规划样机 7月,美国空军研究实验室授予BigBear.ai公司一份合同,开展"极光计划"(AURORA),将使用BigBear.ai的三个人工智能平台,用于可组合协作规划样机的开发。该计划旨在加快联合规划决策周期并扩大自动化技术平台的效用,使空军研究实验室形成共享数据生态系统,为军种和联合规划人员及行动官员提供支持。

美国探索使用非常规人工智能来实现核不扩散 7月,美国能源部表示,国家核军工管理局(NNSA)正在应用领域感知人工智能来防止核武器扩散。NNSA在今年年初主办了一次解决领域感知方法的研讨会,用与领域相关的信息来增强人工智能模型,领域感知方法使用多种数据源,解决了传统人工智能模型的局限性。

美国陆军演示人工智能驱动的目标识别技术 7月,美国Systel公司向陆军展示了人工智能辅助目标识别能力,提供了Raven–Strike和Kite–Strike等多种耐用嵌入式计算机解决方案。Systel团队称,其嵌入式计算机能够在两天的昼夜作战场景中探测和标记目标并收集数据,场景中包括不同的范围、目标运动、目标类型以及传感器的角度、运动和视场。

美国国防部未来5年将向联合人工智能中心投资15亿美元 7月,美国国防部长劳埃德·奥斯汀在全球新兴技术峰会上发表讲话,称国防部将在未来 5 年内向联合人工智能中心投资 15 亿美元，支持联合人工智能中心加快在国防部采用人工智能技术。

美国北方司令部力推人工智能落地　7 月，美国北方司令部开展了第 3 次全球信息主宰实验（GIDE3），测试利用各种基于人工智能/机器学习的决策辅助工具，提升指挥官的行动能力。这些工具包括雷达整合工具、可以聚合各种传感器甚至社交媒体信息的"信息主宰"工具、可形成虚拟 3D 战场的"跨指挥协同"工具。

美国空军将人工智能平台引入"先进作战管理系统"　7 月，美国灰石集团获得了空军"先进作战管理系统"（ABMS）的合同。通过这项合同，空军能够利用灰石集团研发的 GreyRAVEN 人工智能/机器学习平台的开放架构和技术。GreyRAVEN 是一个基于图模型 – 开放本地图数据库（ONg-DB）的开放架构人工智能平台，对大型数据集进行摄取、融合并提供可视化和搜索能力，以支持实时决策。

美国海军发布《智能自主系统科技战略》　7 月，美国海军发布《智能自主系统科技战略》，旨在通过高度分布式指挥和控制架构，加速智能平台的开发和部署，提供必要的战斗硬件，满足海军"对位压制"项目的需求。"智能自主系统"战略是自主无人系统与人工智能的结合，涵盖范围从该技术开发和采办管理到系统成熟和基础设施支持。

美国国防创新小组授出反无人机人工智能服务合同　7 月，美国国防创新小组与科技公司安杜里尔签订了关于提供反无人机能力的合同，要求安杜里尔公司能够快速升级军事能力。该公司的 Lattice 人工智能是反无人机系统的核心，可以将威胁的识别、特征数据的收集和反应方式的选择的决策周期从几分钟缩短到几秒钟。协议规定通过每年缴费来提供具有多种配置的反无人机系统能力，使国防部能够灵活应对波动的需求以及为不同规模的设施定制解决方案。

美国空军推出"数据和人工智能计划" 7月,美国空军启动了一项新的数据和人工智能计划,并正在努力开发一种最小的新可行产品,以支持国防部的人工智能工作。空军的这项计划将涉及自身和太空部队,支持国防部11名作战指挥官快速实施人工智能能力。

美国海军开发"高能激光火控决策辅助"工具 8月,美国海军水面战中心的工程师设计了一种基于人工智能的决策辅助工具,名为"高能激光火控决策辅助",目的是帮助海员操作高能激光武器系统,提高武器响应时间和准确性。开发的关键点是优化人与机器之间的交互,以在系统中建立操作员"信任"。

DARPA启动"学习内省控制"项目 8月,DARPA启动"学习内省控制"项目,开发基于机器学习的内省技术,使系统在遇到不确定性或意外事件时能够调整其控制规则,并在确保连续运行的同时将这些新情况传达给人类或人工智能操作员。

美国陆军发布"变革人工智能研究与应用"跨部门公告 8月,美陆军发布"变革人工智能研究与应用"跨部门公告,寻求人工智能研发的白皮书和建议书,旨在支持新技术和技术研究转化的方法,进而推动陆军基础研究、应用研究和先进技术研究的确定、调整和应用。

美国ARC公司将开发基于人工智能的武器传感技术 8月,美国预测分析企业ARC公司获得美国国防部和总务管理局合同,用于开发基于人工智能的武器传感技术。该合同是美军"联合全域指挥控制"项目组合的一部分。ARC公司将为国防、执法部门和主要承包商提供智能移动应用程序、嵌入式物联网传感器以及基于云的分析平台,支持指挥官关键任务决策,并将战术响应时间缩短近60%。

美国陆军提出未来 5 年的人工智能需求　8 月，美国陆军未来司令部人工智能整合中心发布跨部门公告，提出了未来 5 年里将要重点研究的 11 个广义人工智能领域，重点是数据分析、自主系统、安全和决策辅助。

美国空军为自主平台开发先进感知和传感能力　8 月，Sarcos 防务公司与 BAE 系统公司获得美国空军研究实验室（AFRL）合同，将合作为 AFRL 的自主平台开发先进的感知和传感能力。该平台将寻求解决与单个和多个协作异构自主平台的协调相关问题，并利用环境输入以及人工智能和机器学习技术来改善自主平台之间的协调。

美国国防部为 MQ–9 无人机智能传感器寻求人工智能计算系统　8 月，美国国防部联合人工智能中心（JAIC）发布通知，计划采购一种基于边缘计算的高性能计算系统，该系统将首先安装在 MQ–9"收割者"无人机上。MQ–9 无人机配备了 JAIC 的智能传感器技术，需要一个强大且高效的计算系统来对图像数据中包含的每秒 500 兆次浮点运算进行解析和处理，以识别目标和其他兴趣点。

美国国防高级研究计划局发布人工智能探索新计划　8 月，DARPA 发布人工智能探索新计划。该计划可使 DARPA 能够资助开创性的人工智能研究，通过新的研发项目推动新型技术发展，为美国国家安全带来改变游戏规则的新人工智能技术，帮助其取得技术优势。

美国国家安全局授出高性能计算合同　9 月，美国国家安全局授予惠普公司一份价值 20 亿美元的高性能计算能力合同，以满足其在人工智能技术以及数据分析能力上的要求。惠普公司将研发一项新服务，包括其 Apollo 数据存储系统以及 ProLiant 服务器的结合体。这些服务器能够理解并处理大量的数据，并支持深度学习以及人工智能能力。

美国空军启动基于人工智能和机器学习的认知电子战项目　9 月，美国空军研究实验室计划启动"怪兽项目",将人工智能和机器学习应用于未来的认知电子战系统,以帮助作战飞机突防依赖多频谱传感器、导弹和其他防空资产的防空系统。"怪兽项目"旨在开发可以迁移到战场系统中的人工智能和机器学习技术,并依托开放系统标准、敏捷软件算法开发和过程验证工具。

德国公司开发出可应对新型威胁的多功能干扰机 10 月,德国亨索尔特公司开发出一种名为"利器攻击"的多功能干扰机。该系统结合人工智能、数字化、有源电扫阵列和 3D 打印技术,可在极宽的频段内有源干扰敌方雷达,也可用作无源侦察传感器。

IBM 和雷声技术公司将合作发展人工智能、加密和量子技术 10 月,美国 IBM 公司和雷声技术公司达成战略合作协议,将共同为航空航天、国防和情报行业开发先进的人工智能、加密和量子解决方案。人工智能和量子技术使航空航天和政府客户能够更快地设计系统,更好地保护通信网络并改进其决策过程。

美国和英国在军事领域自主和人工智能方面开展合作 10 月,美国空军研究实验室与英国国防科学技术实验室合作,首次演示了美国和英国联合开发、选择、训练和部署最先进的机器学习算法能力,为两国部队提供支持。这项研究目的是通过持久的广域态势感知为美英部队的相互协作提供支持,旨在改进作战决策、提高作战节奏、降低士兵生命风险并减轻人力负担。

美国城堡防御公司推出新的人工智能反无人机方案 10 月,美国城堡防御公司利用新技术扩展了人工智能反无人机系统,推出了包括"泰坦"无人机测距仪(DF)、"泰坦"战术攻击套件(TAK)和"泰坦"多传感器(MS)在内的新的解决方案,旨在通过自主技术、人工智能和机器学习,提高美军的反无人机能力。

北约通过首个人工智能战略 10月，北约成员国国防部长就北约首个人工智能战略达成一致。该战略简要介绍了人工智能技术如何以受保护和合乎道德的方式应用于国防和安全，以符合国际法和北约价值观的负责任方式使用人工智能技术，为北约及其盟国开发和使用人工智能技术奠定基础。

澳大利亚投资人工智能技术研发以建设国防军事能力 11月，澳大利亚国防创新中心将拨款727万美元用于支持新的人工智能技术研发。这项投资将扩大澳大利亚国防军的军事能力，并支持新的"关键技术蓝图和行动计划"，旨在增加关键技术带来的经济机会并应对国家安全风险。

美国国防创新委员会发布《人工智能指南道德标准》 11月，美国国防创新委员会发布《人工智能指南道德标准》，旨在将美国国防部人工智能道德原则落实到商业原型设计和采购工作中。该指南将为相关企业、国防部利益相关者和项目经理建立标准，确保在项目研发过程中构建公平、问责和透明的原则系统。

美国国防部或将重组人工智能和数据办公室 11月，为了精简流程并创建统一的人工智能和数据使用方法，美国国防部有意调整国防数字服务处、联合人工智能中心和首席数据官办公室的汇报层级，这三个机构将在尽量保持独立的同时向一个新设立的官员汇报，此职位暂时命名为首席数据和人工智能官。曾帮助制定2018年国防战略的前国防部官员吉姆·米特雷已被邀请组织新的办公室。

DARPA启动"自动化科学知识提取和建模"项目 12月，DARPA启动"自动化科学知识提取和建模"项目，旨在创建一个知识–建模–模拟生态系统，赋予敏捷创建、维持和增强复杂模型和模拟器所需的人工智能方法和工具，以支持专家在不同任务和科学领域的知识和数据决策。该项目将使专家能够维护、重用和调整大量异质数据、知识和模型——具有跨知识源、模型假设和模型适应度的可追溯性。

DARPA 投资可将说明手册翻译成增强现实的人工智能 12 月，DARPA 授出合同，将构建人工智能系统扫描操作手册并将其转换为增强现实中的使用说明。根据合同，美国施乐公司旗下的帕罗奥多研究中心将与加州大学圣巴巴拉分校、德国罗斯托克大学和美国修补现实公司合作，为感知式任务指导计划开展自主多模态摄取目标导向支持（AMIGOS）项目，对现有的纸质和视频操作手册进行自动转化，以在增强现实系统中使用，按需提供实时的任务指导和反馈。

2021年自主系统与人工智能领域重要战略政策汇编

文件名称	反小型无人机系统战略		
发布时间	2021年1月7日	发布机构	美国国防部
内容概要	针对当前及未来小型无人机系统指数级增长对美国本土、海外驻扎/作战/中转伙伴国和应急行动地点造成的威胁及危害,提出了"目标–途径–行动主线"的战略框架,并指出需要随着技术和系统的持续发展对该战略不断进行评估		
文件名称	美国人工智能国家安全委员会最终报告		
发布时间	2021年3月1日	发布机构	美国人工智能国家安全委员会
内容概要	这份报告是美国人工智能国家安全委员会为美国在人工智能时代赢得竞争而提出的战略。主报告分为"在人工智能时代保卫美国"和"赢得科技竞争"两大部分,提出顶层结论和建议,附录中的《行动蓝图》则详细描述了美国政府为落实建议应采取的措施。主报告从美国在人工智能领域面临的威胁和风险,以及如何应对这些问题两个方面进行了论述		
文件名称	无人作战框架		
发布时间	2021年3月16日	发布机构	美国海军和海军陆战队

续表

内容概要	该文件阐明了海军将如何扩大无人系统的规模,开发所需的核心技术,以便成功地将无人系统集成到舰队中。该文件提出了五大目标:①在海上和联合作战全方位推进有人-无人组队作战能力;②构建一个可快速、大规模整合无人能力的数字基础设施;③激励无人系统进入快速增量式的开发和测试周期;④分解常见问题,一旦解决就在所有平台和领域铺开;⑤创建以能力为中心的方法,使无人平台、系统、子系统为部队做贡献
文件名称	人工智能协调计划2021年修订版
发布时间	2021年4月　　发布机构　　欧盟委员会
内容概要	该计划旨在协调各成员国行动,共同实现欧盟占据人工智能全球领导地位的目标。文件提出了40条关键行动,围绕四大发展方向展开:创造能够推动人工智能发展与应用的使能环境;推动人工智能卓越发展,从实验室到市场有序衔接;确保人工智能以人为本,成为社会进步的驱动力量;在人工智能具有重大影响的领域占据战略领导地位
文件名称	人工智能法提案
发布时间	2021年4月21日　　发布机构　　欧盟委员会
内容概要	该提案旨在建立关于人工智能技术的统一规则。提案不仅对人工智能技术在日常活动中的应用设定了限制,而且还对欧盟内部的执法系统和司法系统使用人工智能的情形提出了相应的问题规制路径
文件名称	智能自主系统科技战略
发布时间	2021年7月　　发布机构　　美国海军
内容概要	该战略重点关注智能自主系统(IAS),旨在融合自主性、无人系统和人工智能,使无人系统成为海军力量结构中可信赖和可持续的一部分。内容主要分为三部分,首先概述了IAS武器相较于传统武器的关键优势;其次从美国海军IAS愿景、战略目标及影响入手,分析了当前美国海军IAS应用情况;最后就如何在未来成功应用IAS系统提出五方面举措建议
文件名称	人工智能与机器学习战略计划
发布时间	2021年7月30日　　发布机构　　美国国土安全部科学技术局
内容概要	提出了三大战略目标:①推动用于跨领域国土安全能力的下一代人工智能和机器学习技术发展;②促进在国土安全任务中使用经过验证的人工智能与机器学习能力;③建立经人工智能与机器学习技术培训的跨学科员工队伍

续表

文件名称	国家人工智能战略		
发布时间	2021年9月22日	发布机构	英国数字、文化、媒体和体育部
内容概要	该战略以"投资于人工智能生态系统的长期需求""确保人工智能惠及所有行业和地区""有效管理人工智能"三大支柱为基础制定了短、中、长期关键行动计划,重要事项包括:启动"国家人工智能研究与创新计划";启动人工智能和英国研究与创新(UKRI)计划联合办公室;发布关于英国研究人员和机构计算能力的审查;启动人工智能版权和专利磋商;通过"人工智能标准中心"协调英国参与制定全球规则;落实《美英人工智能研发合作宣言》;通过英国国防部发布《国防人工智能战略》;发布国防部在采用和使用人工智能时将采用的方法		
文件名称	美国陆军数字化转型战略		
发布时间	2021年10月12日	发布机构	美国陆军首席信息官办公室
内容概要	该战略提出的愿景是利用创新性和变革性技术,创建一支能在联合多域作战(MDO)中拥有压倒优势的"2028年数字化陆军"。主要任务是通过战略、政策、治理、监督和快速能力,推动数字化转型、创新和改革,以建立一支具备多域作战能力的陆军。3项主要目标:一是现代化与战备,通过数字化转型推动建立一支数字赋能、数据驱动型陆军;二是改革,优化数字化投资,使之更加符合任务要求,向美国陆军提供更大价值;三是人员与伙伴关系,与盟友、工业界和学术界建立强有力的合作关系网,形成一种高技术水平和高效的数字化劳动力		
文件名称	人工智能战略		
发布时间	2021年10月	发布机构	北约
内容概要	该战略提出4个目标:一是为北约和盟国以身作则奠定基础,并鼓励以负责任的方式开发和使用人工智能,以实现盟国的国防和安全目的;二是加速人工智能在能力开发和交付中的应用,增强联盟内的互操作性,包括通过人工智能用例、新结构和新计划的建议;三是保护和监控北约的人工智能技术和创新能力,解决安全政策考虑因素,例如负责任使用原则的实施;四是识别和防范国家和非国家行为者恶意使用人工智能带来的威胁		

2021年自主系统与人工智能领域重大科研项目

项目名称	主管机构	项目基本情况	研究进展	军事影响
空战演进（ACE）	美国国防高级研究计划局	随着现代战争逐渐融入更多的人机合作，DARPA寻求实现空战的自动化，使反应速度达到机器的速度，让飞行员能够集中精力进行更大规模的空战。通过解决人－机协作的空中格斗问题，增强人们对战斗自主性的信任	2019年6月5日，DARPA发布BAA公告；2021年3月，ACE项目完成了人工智能格斗高级虚拟仿真；通过人工智能驾驶战斗机进行载人实飞，评估飞行员的生理反应及其对人工智能驾驶的信心	通过训练人工智能来处理视距内的空中格斗，飞行员能够将动态空战任务委托给驾驶舱内的无人、半自主系统，进而使飞行员能够集中精力指挥多架无人机

续表

项目名称	主管机构	项目基本情况	研究进展	军事影响
进攻性蜂群使能战术（OFFSET）	美国国防高级研究计划局	项目将开发一个活跃的蜂群战术开发生态系统和开放的系统架构，包括：一个先进的人-蜂群界面，使用户能够同时实时监控和指挥数百个无人平台；一个实时的、网络化的虚拟环境，将支持基于物理学的蜂群战术游戏；一个社区驱动的蜂群战术交流平台	2017年2月15日，DARPA发布项目公告；2021年12月，OFFSET项目完成最后一次外场试验，使用300多个测试平台开展联合协同作战；同时使用"虚拟"和物理蜂群协助完成现实任务；利用沉浸式蜂群界面来指挥和控制蜂群	未来的小单位步兵部队将使用由多达250个小型无人机和/或小型无人车组成的蜂群，在复杂的城市环境中完成收集情报、监视、提供保护、使用武器等各种任务
天空博格人（Skyborg）	美国空军	项目将研制一种智能化、低成本、可消耗原型机。Skyborg项目聚焦于四方面的能力：自主起降能力；可在飞行中避开其他飞机、地形、障碍物和危险天气；分离有效载荷（传感器）和飞机架构，允许模块化调整，更易更换配置；采用开发架构，可以兼容现有和未来的系统	2019年3月15日，美空军发布Skyborg项目能力信息征询书；2021年4月、6月、10月，Skyborg项目研发的自主控制系统配装UTAP-22"灰鲭鲨"无人机和MQ-20"复仇者"无人机完成多次飞行试验，演示了响应导航指令、遵守虚拟作战空间限制、实施协调机动、双机编队飞行、保持相互通信等能力	将使空军能够利用可消耗平台去承担高风险任务，从而在战斗中保存高价值飞机的战斗力

续表

项目名称	主管机构	项目基本情况	研究进展	军事影响
空中力量编组系统（ATS）	澳大利亚空军	美国潜在对手的"反介入/区域拒止"能力逐渐提升，使得美国及其盟友在战时难以进入对手领空。解决这一问题的有效方案包括向冲突地区派遣"忠诚僚机"无人机，取代有人战机执行危险任务或情监侦任务。无人机可利用人工智能独立飞行或支持有人驾驶飞机飞行，同时与其他飞机保持安全距离	2019年2月，波音公司公布ATS计划；2021年3月，"忠诚僚机"无人机完成首飞	低成本、可消耗的无人机与有人机协同飞行和作战，将极大解放飞行员，使其专注于最优先的任务和目标
小精灵（Gremlins）	美国国防高级研究计划局	项目将研发低成本、可重复使用的无人机及远距离投射和空中回收技术	2014年11月9日，DARPA发布项目信息征询书；2021年10月，实现无人机空中回收	运输机/轰炸机、无人机、有人战斗机的结合运用将全面提升空中装备作战范围、部署运用灵活性和安全性，形成全新的制空能力和作战模式

续表

项目名称	主管机构	项目基本情况	研究进展	军事影响
用于快速战术执行的空域全面感知（ASTARTE）	美国国防高级研究计划局	未来战场空域将因大量无人机、有人驾驶飞机、弹药与导弹而变得拥挤。通过研发新技术，在最复杂、最具挑战性的"反介入/区域拒止"环境中提供动态空域的实时通用作战图，以便在同一空域同时、更安全地执行远程火力任务以及有人–无人机行动	2020年4月7日，DARPA宣布与美国陆军和空军合作开展ASTARTE项目；2021年2月，该项目授出第一阶段合同，正式进入研发阶段	对于实现"马赛克战"概念尤为重要，将填补无缝协调过程中的空白，提供空域的清晰图像，然后在需要时将其馈送到不同的作战区域

2021年自主系统与人工智能领域重大科研试验

试验名称	国家	时间	试验情况	验证的关键技术
"天空博格人"项目多次飞行试验	美国	2021年4月至10月	配装自主控制系统的UTAP-22"灰鲭鲨"无人机及MQ-20"复仇者"无人机完成多次飞行试验,演示了响应导航指令、遵守虚拟作战空间限制、实施协调机动、编队飞行、保持数据通信等能力	验证了自主控制系统可控制无人机进行基本的航空机动,可移植到不同的无人机,可协调无人机进行编队飞行并相互通信
XQ-58A"女武神"无人机载荷释放试验	美国	2021年3月	美国空军研究实验室成功完成了XQ-58A"女武神"无人机的第六次飞行试验,首次释放有效载荷。XQ-58A无人机在飞行中打开舱门,从武器舱释放了一架ALTIUS-600小型无人机	XQ-58A无人机能够使用小型无人机实现集束弹药的效果

续表

试验名称	国家	时间	试验情况	验证的关键技术
"郊狼" Block 3 无人机打击无人机集群试验	美国	2021年7月	"郊狼" Block 3 无人机与由10架无人机组成的集群交战并击败该无人机群,这些无人机具有不同尺寸、复杂性、机动性和作用距离。此次测试是"郊狼" Block 3 首次在空对空非动能作战中击败无人机群,首次在同一测试中实现生存、回收、更新和再利用,首次从"郊狼" Block 2 系统成功发射,首次实现增程作战,使用KU波段射频通信	"郊狼" Block 3 由一次性"郊狼"巡飞弹发射,使用非动能弹头压制敌方无人机,减少潜在的附带伤害,这种改进型非动能无人机可以在不离开战场的情况下被回收、更新和再利用
"游骑兵"号无人舰试射"标准"-6导弹	美国	2021年9月	"游骑兵"号无人水面舰艇后部搭载集装箱式四联装发射装置,无人船行驶中集装箱竖起后,从导弹发射架中试射了一枚"标准"-6导弹	此次试验标志着快速支援舰改装无人舰的设计目标已基本实现,而且改装的无人舰初具防空能力
MQ-25无人机空中加油及航空母舰甲板机动试验	美国	2021年6月至12月	6月至10月,美国海军MQ-25A"黄貂鱼"无人加油机先后完成为F/A-18战斗机、E-2D"鹰眼"指挥和控制飞机、F-35C"闪电Ⅱ"战斗机进行空中加油的任务。12月,MQ-25 T1试验机成功在航空母舰上进行了机动	验证了MQ-25无人机可遂行空中加油以及情报、监视与侦察任务,其设计可成功融入航空母舰环境,大幅提升航空母舰舰载机联队的作战半径和杀伤力

续表

试验名称	国家	时间	试验情况	验证的关键技术
"小精灵"无人机空中回收试验	美国	2021年10月	C-130运输机共发射两架X-61A"小精灵"无人机,其中一架被稳定捕获装置回收,但另一架无人机在测试中损毁。研发团队对成功回收的无人机进行了翻新,并在24小时内再次进行了试飞	验证了三种能力:一是"小精灵"无人机的自主编队飞行能力和安全功能;二是"小精灵"被C-130运输机回收的能力;三是重新装配被回收的无人机,并在24小时内进行二次飞行的能力
"进攻性蜂群使能战术"项目外场试验	美国	2021年12月	美国国防高级研究计划局进行了"进攻性蜂群使能战术"(OFFSET)项目的第六次试验,也是最后一次外场试验。测试平台由商用小型无人系统组成,包括背包大小的探测器以及多旋翼和固定翼飞机,试验中,这些系统由蜂群指挥官安排执行蜂群战术任务。本次试验取得了以下进步:使用两家系统集成商(诺斯罗普·格鲁曼任务系统公司和雷声BBN技术公司)的300多个测试平台开展联合协同作战;同时使用"虚拟"蜂群代理和物理代理协助完成现实任务;利用沉浸式蜂群界面来指挥和控制蜂群	验证了大量自主无人机和地面车辆的任务能力

2021年自主系统与人工智能领域重大演习情况

演习名称	演习时间	演习目标	参演力量	实施过程
"无人综合作战问题21"演习	2021年4月19日至26日	演练无人系统指控，凝练战术、技术和程序，使操作员获得作战环境下的海上无人系统使用经验	美国海军作战部队20余型有人、无人系统	一是超视距目标指示，MQ-9B无人机投放声纳浮标，利用自动识别系统与P-8A、MH-60R建立连接，通过无人机海上全球指控系统（GCCS-M）完成link 16数据交换，从而完成目标识别，之后将超视距目标位置信息发送至导弹巡洋舰；二是超视距火力打击，靶船配备了小型雷达反射器和中继器，可发出电磁信号，无人机、无人水面艇和有人舰艇利用传感器探测到相关信息，转发至"约翰·芬恩"号导弹驱逐舰，随后，该舰利用融合数据发射了增程型"标准"-6导弹，成功击中200英里（321.87千米）外靶船

续表

演习名称	演习时间	演习目标	参演力量	实施过程
"海洋2020"项目演习	2021年8月	验证协同使用无人机、无人水面艇、无人潜航器可提高海上态势感知能力,加速OODA环闭合	15个欧洲国家多型有人无人水面和水下系统	一是验证无人系统能否探测和收集目标信息,创建通用海上图像,然后与对手交战;二是多型无人平台和系统协同作战,应对水下的水雷和潜艇威胁
2021年反无人机技术互操作性演习	2021年11月2日至12日	采集雷达装置、干扰器、指挥控制系统等之间的数据,解决带宽不足、延迟过大或误报等问题,确保来自不同北约国家的商业系统能够协同工作以应对无人机构成的威胁	北约国家20多家公司的约70种反无人机系统	演习中,一架无人机使用捕网捕获另一架小型无人机,并带回基地取证;还对300架小型无人机组成的蜂群进行了识别与战术分析

续表

演习名称	演习时间	演习目标	参演力量	实施过程
"会聚工程2021"演习	2021年10月12日至11月10日	找出可穿透高端对手"反介入/区域拒止"能力的技术，并为未来全域作战测试新技术、能力和作战概念	美国陆军第82空降师、多域特战部队、空军、海军以及海军陆战队	演习验证了110项新技术（包括35项来自其他军种的新技术），以验证其功能以及互操作性，涉及7个战术场景，聚焦于印太地区第一岛链和第二岛链区域，关注美军联合部队如何在未来战争中对抗敌方的先进能力，击败高端对手。7个场景中，前3个场景有联合部队参加，其余4个场景则以地面部队为重点
"强大盾牌2021"演习	2021年5月15日至6月3日	演示北约指挥与控制架构在综合防空反导环境中的互操作性，进一步强化北约作战能力提升与作战域整合，以应对一系列具有挑战性的现实威胁	美国、加拿大和欧洲8国的13艘舰船、10多架飞机、亚声速/超声速导弹及弹道导弹、导弹拦截系统等多型装备	英国海军首次使用人工智能软件，在"兰开斯特"号护卫舰和"海龙"号驱逐舰部署了可对抗超声速导弹的"惊奇"与SYCOIEA人工智能系统，提供实时建议和警报，提高早期发现威胁的能力，减轻船员监控空情图的负担，并进行威胁评估武器分配，提供应对威胁的最佳武器建议